大夏书系·语文之道

严华银 著

语文教育
原 点 与 初 心

华东师范大学出版社
全国百佳图书出版单位
·上海·

目 录

序言　撞开语文教育的"桃花源" / 001

001　**第一讲　"三位一体":"工具性与人文性统一"的实现方式**
语文教材本身应充分体现"工具性与人文性的统一";语文教师要不断修炼和提升自身的人文素养与精神;语文课堂要切实开展语言学习和训练,充分实现语文学科的工具价值。

023　**第二讲　形神一体　水乳交融——传统文化与语文教育的融合之道**
传统文化的要害在"精神内核",传统精神的载体在"经典","融会贯通",两位一体,自然也必然是传统文化与语文教育的结合之道。

035　第三讲　"祛魅"：当下中国语文教育的第一要务

优秀的语文人，有志于建设和改革语文教育的语文人，做实实在在的事，做与语文课程建设相关的事，语文教育就会在这样的也许并不高大上的草根的细小实践中逐渐成长和成熟起来。

057　第四讲　"高分时代"：中国语文的困境和出路

就课堂而言，应该在保障效益的同时，充分挖掘和呈现语文知识之美，语文学习过程、方法之美，语文活动内容、形式之美，以及活动过程中语文教师和学生的语言、姿态、人性、人文之美。

069　第五讲　教材建设：现阶段语文课程改革的突破口

教材是教学之本，教材上连课程标准这教学的"顶层设计"，下通老师的教、学生的学，是教学内容，也是教学任务，甚至也明确规定了教学思路、目标和方向。

087　第六讲　理性回归：确立语文知识在语文教育中的应有地位

语文知识教学的弱化和淡化，是学生越来越不喜欢语文学科和课程、语文教师越来越难做、学校领导越来越不重视的主要原因。

095 | **第七讲　阅读教学：目标确定和方法选择**
自主学习是合作学习和探究学习的基础；没有自主，任何合作和探究都是不可想象的。从这个意义上说，真正的合作学习和探究学习一定是自主学习。

123 | **第八讲　语文课堂：从"无我"走向"有我"**
课堂教学中，应该"有我"的学习体验和感受，"有我"的学习收获和经验，"有我"的学习心理和情感，"有我"的教学个性和风格，"有我"的教育理解和主张。

143 | **第九讲　"工匠精神"也是语文教育精神**
语文课程应该从语文知能出发，在完成培养和发展语文能力、素养的主体目标的过程中，实现思维、审美和人文因素的成长。

163 | **第十讲　由"教"向"导"：未来语文人价值功能的重大转型**
也许，开始是互联网和人工智能时代对语文教师的"倒逼"，未来则一定会成为语文教师自觉自为的"蝉蜕"。进步和发展本身，是不是"回归"呢？

序言　撞开语文教育的"桃花源"

我们都生活在一个叫"桃花源"的"围城"

多年之前,有感于语文教育受到社会各方面因素的影响,不堪重负,受伤颇多,似乎变成一个"变形金刚",我不禁感慨万千,情急之下,竟然想到要让语文教育成为一个理想的"桃花源":独立、自主,不受外在事物的干扰,一以贯之,作为一门真正的学科,巍巍屹立于学校教育课程的森林,鹤立鸡群,享受着母语课程独有的地位和尊严。

曾几何时,我竟突然发现,语文教育在今天俨然是一个真的"桃花源":被"应试"绑架着,与世隔绝,不食人间烟火。

五柳先生在《桃花源记》中写道:村中闻有此人,咸来问讯。自云先世避秦时乱,率妻子邑人来此绝境,不复出焉,遂与外人间隔。问今是何世,乃不知有汉,无论魏晋。此人一一为具言所闻,皆叹惋。余人各复延至其家,皆出酒食。停数日,辞去。此中人语云:"不足为外人道也。"

试想,秦末避乱而隐入此洞,世间经历多少个朝代,数百年而不知。问题是,当"渔人"意外闯入,桃花源中的人竟然在其辞别时告诫他不得将此间"故事"外传。

是啊，细想，惊悸于乱世的黑暗，而且是一以贯之的持续黑暗，安享封闭结构中平和的温馨，形成固定的思维方式和习惯，桃花源中的人真的不需要艰难的置换"思维"，以及思维指引下的生活方式。回到先人历经艰险才躲避开的"黑暗"，那不是既与自己过不去，也对不住先人的付出和期盼吗？

语文教育虽然不是一个社会，但作为一个教育教学"领域"，当下的语文教育与陶渊明笔下的桃花源有什么区别吗？

比如，就语文教育价值观而言，依据各学段的课程标准，我们可以毫不犹豫地将几种能力、素养和情怀描述得高大上全，但几乎所有语文教师都心里默认：学生的语文成绩是我们的孜孜追求，据此而来的升学是我们刚硬的理想。

又如，从语文教学目标来看，我们所有人都会说，要培养学生理解和运用祖国语言文字的能力，但绝大多数教师教学的实际方向、思路几乎都是围绕着主要的、终结性的考试及其"说明"的要求，包括知识点、题型甚至命题和阅卷负责人的喜好，以此来确定教什么、怎么教。

再如，从实际的课堂教学来看，按照阅读和写作的规律以及阅读教学和写作教学的规律，几乎是我们在公开场合听到的最为耳熟能详的表达。但具体到某些教师课堂中的实际教学，你会发现，大家都是异口同声、千人一面地遵循"考什么、教什么"的原则，走在以做题、讲题代替讲读教学的"康庄大道"上。

即便在全国性的语文课堂大赛现场，也有教师公然以这种应试模式来演绎语文课堂教学的"创新"经验，甚或还不如桃花源中人的"不足为外人道也"的自惭和自觉。

在多所中学，当与一批有名或者不甚有名、可能正走在成为名师大道上的语文朋友交流时，我有很多发现，大家平时教的基本或者完全是应试的语文，做的研究基本或者完全是应试的研究，如果偶尔写一点心得，也大都围绕应试技巧、答题门道来落笔。我会问：语文教育难道就是为了学生的应试、应试的分数，不是要培养学生在未来社会和生活中必要的理解与运用语言文字的能力，比如读书理解、说话交流、作文表达吗？

有教师会说：大家都这样，如果按照你说的来做，在应试的疆场上，我们怎么活得下来？

也有的教师有思想，会说：应试不也是一种教育吗？按照考试的要求来教，从结果评价反溯、回溯来教学，不也是一种教学吗？虽然功利，这也是能够培养学生在生活中需要的语文能力的。

这些说的都是事实，而且很难反驳。我只能说，教育有规律，语文教学有规矩，语文教育生活有规范。比如，按照学生认知规律，遵守语文学习规律，在与生活和社会相关联的情境中学习语文，师生才会真正享受语文教学，从中获得真正的语文教育体验，习得未来真正有用的语文能力和素养。

实际上，我说得很苍白，在应试的弥漫硝烟中，"战士"更相信"枪弹"。

不一而足。从这一角度看，今天的语文场域，在一些语文教师的眼中，是不是更类似陶渊明笔下的"桃花源"呢？

而今，即便我们的课标在不断修订，越来越高大上，越来越与国际接轨；即便我们的教材在不断修订，甚或出现统编教材，但很多人还是口头空喊课标的理念和精神，充分利用宏大叙事的教材，干着指向升学和分数的应试教学的事。

这当中不乏自惭者或者自保者会提出"不足为外人道也"。这思维方式与1800年前桃花源中人的并无二致。

语文教育的问题，其症结在思维方式

问题是，"往事越千年"，今天早已不是晋朝；这世界，互联、人工智能、生物传感、量子计算，已经无法容得"桃花源"。

2017年，一位国内名刊的主编外访欧洲等国的教育，慷慨而感：先进国家的教育早已换了"赛场"，而我们还在旧"跑道"上拼命。

不久前，看到一位学者的一段"偏激"陈词：当下的教育最为让人震惊和骇然的是，一群不怎么读书甚或不读书的人，天天在教学生读书；而且，据说还很拼命。

不同的人在不同场合、不同主题下同时用到"拼命"，表面上看，似乎是在"表扬"教育工作者在各自领域中坚守岗位、勤奋和努力，实际上是对当下的教育现象和现状极为不满。是的，教育工作者特别是语文教师，不缺基本的教育能力和素养，更不缺"拼命"的努力、态度和干劲，但仅如此，我们能否成就优秀的语文教育、卓越的中国教育呢？

大量的观察和研究表明，今天的学生在永无休止地进行应试训练。面对规模宏大的刷题大战，语文教师辛劳，广大学生玩命，但学生的语文素养，尤其是阅读理解、说写表达的能力不是在进步，而是在退步。

这是为什么呢？

日本著名企业家稻盛和夫在总结自身及其企业成功的经验后，提出了一个著名的事业和人生成功方程式：人生和工作的结果＝思维方式（-100～100）× 努力（0～100）× 能力（0～100）。

这一方程式最让我们警醒的是，稻盛和夫将三个决定成功的重要变量中的"思维方式"的数量区间设定为"-100～100"，特别强调

"思维"的重要，颠覆了传统的成功观。比如勤奋、功底、态度、细节，这些元素在人生成功过程中实际所占的比例并没有想象得那么多，正如古人在"南辕北辙"的故事中所言："马虽良，用虽多"，"御者善"，"此非楚之路也"；"此数者愈善，而离楚愈远耳"。

就此而言，假如我们的教育功底和教育努力是作用于错误思维所指引的，与教育预期完全相反方向的道路，这样的"拼命"不是令人恐怖吗？

所以，许多年来，总有学者"危言耸听"：我们的教育似乎已经成为或者正在成为整个社会系统的一座孤岛，学校中的人主动或被动地齐心合力制作一块又一块"敲门砖"，敲开一扇又一扇学校的大门。这期间，可以"不知东南西北"，也可以"不知有汉，无论魏晋"。这样的教育，这样的学校，在国际合作、全球经济一体化、科技日新月异的今天健康吗？可持续吗？

读到一位著名教育专家的观点：教育的本质究竟是什么？应该就是教会学生思维。功利，恰恰是思维的最大敌人。

改变当下的语文教育，需要语文人的理性

用这样的标准来衡量语文教师，似乎可以将其分为四类：真的不知语文教育为何物，只是跟着感觉和他人走，随波逐流的；虽然开始知道，但逐渐被裹挟竟至于意识逆转而被同化的；虽然知道，但真的只能顺应以求生存的；始终坚守，并寻求影响、引领企图改变的，这是一股清流，遗憾的是势孤力单，一时难以成气候，掀起波澜。

这样一分析，我就特别能理解很多语文教师的感慨：我们难道不知道这些道理？但是，作为局中人，我们无能为力。

我写过一篇随笔，畅想人类在人工智能和量子计算时代的生活。

在咱们中国，我们平时听谁的？这不是问题。小时候，在家里，听父母的、长者的；在学校，听老师的；逐渐长大，有了单位和组织，听领导的，听有经验的老师傅的。稍稍有些个性、主见和理性思维的，常常会有些怪想和怪论，为什么总是听信他人？我为什么就不能听我自己的？我的事情我做主，于是就有一句话，叫作"遵从自己的内心"。遵从内心，从来是人类的理想，但在当下的中国，真正做到有个性、能独立、有主见的实在少之又少。你从许多年来大地上"粉丝"的"疯行"，就可窥见其详了。

这说的是现实。但未来呢，在"已来"的未来，我们会听谁的呢？

很多人畏惧开车，主要是因为找路困难。晕头转向，找不着北，绝对是许多初学开车人的不堪之痛。导航仪的普及，使得开车变得越来越简单、放松、爽快、大胆。坐上车，还未发动车，先打开导航仪，几乎是每一开车人的标准仪式。不熟悉、未去过的地方也就罢了，即便是不知去过多少遍的地方，似乎下意识地也得开着导航仪，否则就似乎不踏实，若有所失。到国外，坐着留学生的车外出，按照中国人的习惯和思维，总会情不自禁地问，朝哪个方向开？你听到的常常是莫名的惊诧：方向？我也不知是哪个方向？似乎人家就没有东南西北的概念。跟着导航走，好像当年我们高唱"跟着感觉走"，现下的感觉就是"导航仪"。

说白了，在开车这件事情上，人类现在听谁的？不听他人的，不听自己的，也不听地图的，就听"导航仪"的。用导航仪导航，实际就是借助人工智能的原理，是一种地理和方向的"定位"系统。

何止是开车？生活中的"粉丝"们，其习惯、行为和思维方式不也是听命他人，唯"粉主"是瞻吗？

有科学家对于未来，特别是生物技术、人工智能、量子计算技术不断升级且联姻"整合"的未来，有了崭新的想象、描述和预测。

不久的将来，人类身上极有可能都将随身"附带"一个叫"生物传感器＋量子计算"的装置，说白了，也就是层次极高的"人工智能"。一个人平时的生活，其言谈举止、思想行为、喜怒哀乐都会被"传感器"滴水不漏地记录下来，这就是"海量数据"。"她"会毫不犹豫、实时地传送给"计算机"，计算机则会用极快的速度——大大、远远超过人脑反应"运算"的速度——加以综合"运算"与处理。于是，一个改变人类的奇迹和故事产生了，那就是，"外挂"附着于人体的"她"，综合处理你的"海量数据"的能力数十倍甚或千百倍于人脑，其获得的结果、结论比人脑精准，也更为快捷。于是，依据"优胜劣汰"原则，人类未来将会毫不犹豫地"抛弃"自己的大脑，一意孤行地听从、遵从、顺从一个叫"算法"的怪物！

……

尽管如此，我仍坚信总有那么一天，随着"人类"观察、学习、经历、体验，或者某一场景的重现，或者某一故事的上演，也或者某一人事的遭际，强烈地刺激，慢慢地唤醒，我们中的先知先觉者会如同古希腊的先哲一般怀疑、追问：我是谁？我从哪里来？我的家园在哪里？我如何找到回家的路？

于是，人类开始逐渐觉醒，苦苦探寻。向人工智能学习，学习它们的深度学习；向量子计算学习，学习它们的快捷、精准。尤为重要的，在这一过程中，我们会逐渐修复丧失已久的"理性"。

最终还是得依靠思维"理性"，我们可以精准地走上回家的路，并最终回家，直至回到"人"本身。

——（《人类未来听谁的》，《读天下·中学版》，2019年第2期）

这里说的是一个叫"算法"的"物事",未来对人类的"控制",也许这是人类为自己制造出来的一个"宿命"。世界终有一天要经历这样一个我们以为的"冰河""黑暗"时期。但作为万物之灵的生命体的人类,要想摆脱这样的灵魂羁绊,唯一的路径是修炼自己的"理性"。

语文教育何尝不是如此呢?几十年的语文教学,包括一轮又一轮的语文课程教学改革,为什么步履维艰?为什么雷声轰隆,却很少有大雨酣畅?我们总是被一个叫"应试"的物事绑架和左右。这实际就是一种极为世俗、物质和功利的"算法"。我们很难一下子追溯这"算法"当初的"发源",但是能很容易分析其逐渐渗透,最终攻城略地,将整个国家中绝大多数人卷入其中的全过程。可以想象,如果人类没有"理性",没有理性的"国际比较",我们果真会觉得今天的"应试"是天底下最"适合"的教育。

理性是什么?

按照黑格尔的哲学观,理性是最完全的认识能力,是认识的高级阶段,只有理性才能揭示事物的本质。马克思主义哲学观认为,在感性认识基础上,经过思考,将丰富的感觉材料去粗取精、去伪存真、由此及彼、由表及里进行改造,就会产生一个飞跃,上升为理性认识。

就是说,理性思维是感性思维的深化,是对感性思维成果的进一步加工,是对大脑中已获知识的深加工,是对事物本质和运动规律的揭示过程。对过去和现实来说,理性思维能够揭示事物的真实和本质,认识事物的规律,是一种质疑和批判思维。对未来而言,它具有前瞻性和预知性,能够运用已知的事物规律和思维规律,推导出事物进一步发展的趋势和可能,是一种哲学思维和超前思维。

但是多年来,或是因为应试导致的教育思维僵化,或是因为课改推进中部分理论家的话语强势,教育普遍呈现出跟风、赶潮的"运动"

态势。一个口号，可以一夜传遍大江南北；一种模式，可以数年掀起冲天狂热；中小学教师和校长中的"大师崇拜"热，时时升温。近10年来，学校文化建设、课程建设、课改推进和教育教学改革的"转型"过程中，真正富于独创、具有个性和特色且经受得住时间和历史考验的教育成果实在不多。

复制、雷同、照搬、移植，教育的传统和历史，学校的文化和个性，正是在这样的"跃进"浪潮中，被以发展的声音湮没，被以建构的名义消解。

其症结何在？我想，除了这样那样的外在因素，一些人的思维理性缺失是最为主要的原因。

教育本来就是要培养学生的思维理性的。学校育人者的理性丧失，应该是现实教育最为令人忧虑的。

语文教育的情况又如何呢？长期以来，语文课程的感性定位（语文教育实际应该是理性的，但我们风花雪月、吟风弄月的传统和部分人的误行误导使之偏离方向），语文教师教学的感性，使得我国的语文教师被贴上了"非理性"和"浪漫"的标签。语文教师不如理科教师"理性"，这已经成为共识，而且我们也自以为是，且颇为得意。

现实的语文教育也是如此。即在教育的应试中，语文教育呈现出来的所谓"流派""风格"和"个性"成为世纪之交教育的一大奇观。有好事者做过不完全统计，国内中小学打出"某某教育"大旗，有名和暂时还未有名的达到数百种。这既有语文教师自身的"创制"，也有专家学者有意无意、推波助澜的"打造"或者叫"炮制"。且不论这样随意的"个性化"对于语文教育"共性"解构的可能和可怕，即便合乎语文教育规律的个性风格，又有什么"咋呼"的必要和价值呢？实际上，最可怕的结果是，我们将原本属于科学的语文教育假以创新和个性化的名义,一步步做成充满浪漫色彩的"文学",这是语文之幸乎,不幸乎?

理性思维,需要语文人的潜心修炼

理性之丧失,多半是利令智昏的结果。应试的功利,社会的功利,学校管理和教学评价的功利,学校教师包括语文教师真的是"天网恢恢疏而不漏",几乎"无路可逃",最终只能自愿不自愿、自觉不自觉卷入泥淖而难以甚或不愿自拔。

理性何来?理性是生命个体思维修炼的结果。其中,最为重要的有三个东西。

一是智慧。什么是智慧?按照一般的理解,就是聪明。实则并不全面。智慧,佛教称为"般若",指破除迷惑、证实真理的能力。亚里士多德将之归结为"理论理性的德性",认为它是人的最高德性,表现为对最高真理的"沉思"。在理论和思想问题上的深沉思索,执着探寻,不懈证伪,恰恰体现出理性的本质和真谛。

二是明智。相对于"智慧",明智是"实践理性的德性",表现为人们在实践所为中对真、真相和真理的判断。明智与智慧,分别从实践证明和理论探索两个层面引领人类走在认识世界、寻找真理并进而认识自己的理性征途中。

三是逻辑。不论智慧还是明智的学习和修炼,都无法不借助"工具"。实现理性提升的主要工具就是逻辑。逻辑的关键在概念、判断和推理,切准概念的内涵,基于事实作出稳妥的判断,并在此基础上循序渐进,作出环环紧扣的推理,才能渐进于科学的结论,攀上真理的巅峰。

这就是说富于理性的人必须冷静、淡定、沉着。"每临大事有静气",方可让思维畅游于生活九曲回肠的小道。富于理性的人一定谨慎。当年胡适治学力行"大胆假设,小心求证",这求证的"小心",一语道破了真理探求的艰辛,犹如刀尖上求生,大海里捞针。

还得回头说那位贸然深入桃花源、不知名姓的捕鱼人。

在这位捕鱼人的身上,集中体现了毛泽东当年的一个判断:"卑贱者最聪明,高贵者最愚蠢。"我认为,这位生活在桃花源边上的捕鱼人绝对是一位极富于理性的"智者"。

他富有好奇心和冒险精神。试想,"捕鱼为业"的武陵人很多,为什么只有此"渔人"发现了"仿佛有光"的山间"小口"?为什么只有他看到"小口"之后又能深入洞内,渐行渐远,终至有了举世不闻的罕见的"发现"?足见这位"渔人"非同寻常,是一位好奇、猎奇、敢于探索且勇于冒险的有心人。在富于好奇心之外,卓具胆识,这是理性的先导。

他富有历史知识。一位渔人,进得洞来,发现一群人类"异数"。他虽然惊讶,却并不慌张,为什么?因为他有知识,尤其是历史知识。他居然能知道那么遥远的历史,桃源中人"不知有汉,无论魏晋",也就是说,渔人知道。一个富于历史知识的人,常常具有纵深感,具有史识,还具有远见卓识,是为洞见。

他富有沉默的艺术。渔人进洞之后的所见所闻,让一般人目瞪口呆,甚或魂飞魄散。但从文中看,吓着了的不是渔人,倒是桃花源中人——"见渔人,乃大惊"。冷静,沉着,冷眼旁观,从容不迫,这恰恰是具有理性精神的人的现场表现,正如古人所言的那样,"每临大事有静气"。

他富有比较能力。进入桃花源,渔人一刻也没有停止观察和思考。环境的生态原始,居民的纯粹古朴,文化的恬静悠然,这都是渔人用一双慧眼比较外部的现实而获得的判断。特别是"悉如外人"和"不知有汉,无论魏晋"的分析,更是在比较中深度融入观察者的感叹和深思。这也是渔人回到外界现实后违背桃花源中人的嘱托而"诣太守说如此"的动因所在。

渔人还是一个仁者。尽管桃花源中有那么多的美好,但在渔人看来,隔绝现实世界的"烟火",尤其是连自己处在"今夕何夕"都不知道,凭着感觉懵懂活在这"非人间"的绝境,正是一种精神的贫乏,是一种绝对的非理性。也许是历史和科学的理性驱使,也许是人文和社会情怀的促动,他选择了"拯救"。

晋朝之后,历史又悠然间越过 1800 年。现代社会依然有许多的桃花源和准桃花源;泱泱中国,转型时代,又有多少类似桃花源的封闭和半封闭的"王国"需要打破,迎来新生。

语文教育就是其一。这样的小桃源的打破,迫切需要一个个、一批批具有东晋武陵"渔人"一样好奇、理性又富于冒险精神的语文教育的智者。有了你我的先知先觉、敢为人先,才会有或者今天或者明天语文教育的桃花源,在偶然间"洞天石扉,訇然中开"。

这当中,"理性精神"的成长成熟将是一个非常重要甚至是决定性因素。当然,也万万不可忽视良知、人格、道德和情怀的力量。在上者的顶层设计、环境建设和相关资源的供给,可能起着决定性作用。

最近几年,在很多培训现场,在与很多教师交流时,总会听到许多"人微言轻""鸡蛋碰石头"的哀伤之论,这真的是一线实践者的肺腑之言。我总说,哀莫大于心死,只要各位有志者,情在教育,心爱语文,哪怕我们就是一缕缕在崇山峻岭间左奔右突的小小溪流,每一个丝毫的改变,终将改变大海的面貌和格局。正如诗人之论:

——你浑浊,大海一定浑浊;你清澈,大海就可能清澈!

——天若有情天亦老,人间正道是沧桑!

写于南京老山熙龙山院竹里

第一讲
"三位一体":"工具性与人文性统一"的实现方式

对现行语文课程标准中语文学科性质的表述提出不同意见的不少,但是改变这样的表述在今天并不现实。既然无法改变这样的性质描述,为了讨论问题和解决问题的方便,我们不妨先认可"工具性与人文性的统一"的"正确"。那么,即使"工具性与人文性的统一"是关于语文学科性质的最科学描述,是不是就真的需要我们在每节语文课上都用大量的时间和精力去落实所谓"人文"的思想、情感、态度和价值观呢?显然不是。这实际上成为中国语文课堂的通则。

细究其由来,十分有趣。

声势浩大的课程改革,从上至下地发动、宣传,特别是"先培训,后上岗""不培训,不上岗"的战略,使得到位和不到位、准确和不准确的所谓培训将所过之处的语文教师全部拉网式地进行"灌输"。教师对语文学科性质的误会和误解绝不是偶然,既不是他们头脑里固有的,也不是从天上掉下来的。所以,我以为,假如没有这样的"培训",教师们率由旧章,"一意孤行",也许今天语文课堂的面貌会好一些。

从这个意义上讲,假如我们想要通过学理性的争辩和洗脑式的训诚及培训来改变中国语文教学现状，我以为基本是不可能的，或者说将会是一场旷日持久的常规"战争"。解决问题的路径，应该是遵循语文学科和语文教学的特点与规律，从战略和策略、操作和方法的层面给予教师切实的支持和帮助。

一

语文教材应充分体现"人文性"，更要充分体现"工具性"。

教材是教学之根本，实现"工具性与人文性的统一"，必须有与之配套的语文教材给予支持。

语文教材的关键构成元素是标准、指导思想、体系、结构和选文，其中最重要的是选文。因应语文学科性质，教材应具有如下特点。

第一，建立母语表达的基本规律与精粹的人文内涵协调一致的教材整体架构。

语文教材编写中，尽管不少编写者在"人文性"方面着力多多，但也许是因为对"人文性"理解的分歧和争执颇多，也许是因为宏观背景和敏感问题时有干扰，某些教材给人的感觉是不伦不类：任意"主题"式的单元组合，碎片式、混合型的母语知识，有点像思想的杂烩。于是，人们便有了这样的质询：这样的语文教材，能代表一门学科吗？模糊、朦胧、混乱、随意，从知识、能力体系到教学策略和方法，谁都能说三道四，却谁也说不清楚。于是，现实中几乎所有的教师都可以自立山头，诸如"生命""智慧""情境""道德""人格"等"语文"的前缀词横行天下，就是最好的注脚和证明。这在其他学科似乎并不多。更重要的是，这样的教材实际不像语文教材，不过是一册所谓"人文"的读本而已。听任语文学科"落魄"到"读本"和道德说教"汇编"的地步,不知是中国母语的悲哀还是课程改革的失败。

现行教材淡化甚至"取缔""驱逐"了本来并不健全的知识体系和框架,教学对这方面的要求也被削弱。这对于一些高水平的语文教师而言,倒不是问题,经验和传统在他们身上的积淀,会使得他们按照自身对语文教育的朴素理解,顺应惯性,一以贯之地进行教学。但大部分教师在新教材面前可以说困难重重,按照所谓的"人文性"主题设立的单元,对教给学生什么并不明确,怎么教也不清晰,于是各行其是、八仙过海。教师以教语文为苦,学生越发感到语文是一门可有可无、只能依赖自己、凭运气发展的"副科"。

现在看来,基本的知识、能力系统辅以精美选文的"例子",应是语文学科的基本架构。

第二,文质兼美应该成为语文教材选文最重要的原则。

语文教材承载着培养学生"理解和运用祖国语言文字的能力"的使命和责任,自然应该在文质兼美方面作出积极的贡献和努力。从各类语文教材来看,部分教材在这一点上应该是做得不错的。但也有教材在片面强调"人文性"特征的同时,忽略了教材的"语文性"和"工具性"特点,似乎出现"以意害文"的问题。

一位年轻而优秀的语文教师借班教学一位外国作家写的散文,效果不错。但他说课时的一番话,让与会的专家和教师大吃一惊。他说:"这篇文章尽管已经教完,但实际上我个人还是有很多的问题,关键是自己有好多东西读不懂、说不清,所以教学时诚惶诚恐。这篇文章我教过三遍,读过几十遍,查阅过大量资料,有些语句也许是因为翻译或者其他因素,一直百思不得其解。"该教师是所在学校优秀语文教师的代表,年轻而不乏才华。如此教师,这样"煞费苦心"还无法全面准确地理解作品,面广量大的教师又当如何呢?

我想到的是，母语教材追求思想内容的纯粹和现代，追求所谓"人文性"是不错的，但由于我国文化传统中"人文精神"的缺失，选文可能更多地只能从西方文化和文学的经典中去搜罗寻觅，于是翻译的作品在某些版本的中学教材尤其是高中教材中占据了比较大的比重。问题是，由于长期以来我国翻译人才的严重欠缺，或者说部分翻译家语文素养和文学修养的不足，翻译作品在"文"方面存在着这样那样的缺陷。所以，阅读这样的文章常常有"意有尽，文不足"的遗憾，这就是孔子所慨叹的"言之无文，行而不远"。

如此说来，语言的纯粹、"工具"的规范、文学的品位、表情达意技术的精熟和风格的优美，应该是第一要件。在此基础上，追求内容、思想、情感乃至人文素养和精神的"和谐统一"，才是必要的。

这样的作品从哪里来？一是古代经典。集中体现中华文化优秀人文传统的古典诗文，应该是选文的主体。其经由历史沧桑的千锤百炼，大浪淘洗，而成母语的精髓，理所应当成为母语教育的范本。特别是中学，舍本而逐末，避近而求远，去精而取粗，无异于缘木求鱼。二是中国现代作品。集中体现人文内涵的作品要多一些，我以为选择优质作家，语言醇正、敦厚，富于中国式表达个性和方式，是首要标准。其次，才是选择作品。三是外国经典。一定要"文优"为上。文优的标准是两个：第一，原作家是世界著名的作家，语言表达优秀；第二，翻译文字极为优美，符合中国语言表达规范，"信、达、雅"是评判的基本原则。用这一标准衡量，如今教材中的许多翻译文存在问题。

第三，建议教育行政部门组织国内一流专家学者编制"语文教材编写指引"。

国内现行的中小学语文教材，整体水平可能不低，但是教材间差异明显，有些教材缺陷明显。总体感觉体量偏小，难度太低。将有些教材拿在手里掂量掂量，从选文的"质地"到知识系统，十分怀疑三年或者六年下来，究竟能给孩子带来多少实实在在的语文素养方面的收获。小学语文教材的"低幼化""白开水"，部分教材编者自写文章"强塞"进教材以博"青史留名"，已引起学界普遍反感。很多学者和文学界人士认为，如今的语文教材，甚至不比百余年前民国时期的老教材。散文家邓康延在长篇散文《老课本》中这样描述阅读商务印书馆民国十一年（公元1922年）三月出版的"新国文"的感受：灯下翻阅这几册泛黄的线装课本，想那课本的小主人，教书的老先生，看那民国的世俗图，国民的生存态，我已进入当年的课堂……历史在母语里孤独地站着，在我们的血脉里隐隐回响。（载《读库1001》，2010年2月，新星出版社）

我真不知道现行语文教材有多少能够带给读者如此丰富的收获，获得如此高的评价。别的不说，有多少学生在读完我们的语文教材之后还愿意将之收留保存下来呢？

解决这一问题，要让更多的学者、教师精英加入教材编写的队伍，形成百花齐放的格局。除了进一步加强教材审定工作，调整审定专家组的组成结构，使之更切实、合理和科学，我以为，教育部有关教材管理机构应该组织高层次专家编写指导教材编写的原则性文件，这里姑且谓之"语文教材编写指引"（下简称"指引"）吧，连同正在修订的义务教育语文课程标准，一并成为语文教学的"纲领性文献"。

"指引"的内容，应该包括教材的性质、教材编写的原则、教材编写的主体、教材的使用等，最重要的是"教材篇目"概览。在广泛调研、征求意见并综合古今各级各类语文教材优势的基础上，根据课程标准的要求，分学段确定语文知识点、能力点安排和选文的具体篇目。各段选文篇目应该比实际教材选用的数量适当多一些，以使编者有一定的选择余地。

编者原则上必须严格依据"指引"来设计单元，部署知识、能力点，选择课文。当然，也应给予编者选文的自主权，比如有20%左右的选文从"指引"规定以外去选取。

"指引"中规定的选文篇目一般三到五年调整一次，以确保选文的"新陈代谢""常换常新"。

如此做，一方面，可以壮大语文教材的编写力量，优化编者队伍的人员结构；另一方面，从制度层面保证教材的整体水准，从而保证学科教学的相对公平。这是语文学科建设的基础工程。

二

语文教师要不断修炼和提升自己的人文素养与人文精神。

语文教师具有人文素养、人文情怀和人文精神，应该是天经地义的事。

准确理解"人文素养"，是我们得以提升它的基本前提。

"人文"，在这里当为确定的"人文科学"，如政治学、经济学、历史、哲学、文学、法学等；"素养"，由"能力要素"和"精神要素"组合而成。合而言之，"人文素养"是指人文科学的研究能力、知识水平，人文科学体现出的以人为对象、以人为中心的精神——人的内在品质。在西方，"人文"源于文艺复兴时期的人文主义思潮，强调人道和人性尊严，强调以人为中心，重视人生幸福与人生责任。它是后来欧洲启蒙运动思想理论的旗帜。"人文精神"，人文素养的灵魂，不是"能力"，而是"以人为对象、以人为中心的精神"，其核心内容是对人类生存意义和价值的关怀。与科学精神相比，科学精神追求的是"真"，人文精神追求的是"善"。

"人文性"实际是"人文素养"和"人文精神"的总和,语文课程标准和语文教学过程中所言的"人文性",应该更多地落在"人文精神"方面。

据此,我们讨论语文教师"人文素养"的提升,就会有比较明确的思路和方向。

一是了解和把握中华文化中的核心价值观,逐渐提升自己修身、处世和与自然和谐共生的能力。专家学者的分析表明,中华文化的精髓更多地表现为儒家、道家和佛家的思想。比如,儒家的人本主义学术传统、文化传统,它的为人之学、处世之道,特别是对于仁爱、在现实生活中提升理想的力倡。又如,道家的自然主义传统,道法自然的境界,要人们不论做什么都顺其自然,合乎自然的本性,经由自然的方式实现理想的种种努力。再如佛家的解脱主义传统,尤其是中国佛教经由"即心即佛"的禅宗对印度佛教的发展,以及"人间佛教"对佛教精神的发扬光大等,都需要我们有所学习并加以了解。尤为重要的是,主流的"三教"以及"诸子百家"在中国历史长河中碰撞、交流、融合,逐渐"共识"而成的"仁""义""礼""和""信"等文化传统价值,迫切需要"放出眼光,自己来拿",在充实人文知识的同时,积淀自己的人文素养,从而努力善待自己、他人、社会和自然。

二是学习和把握西方文明中的"人文精神",以完善教育心智。"人文精神"其实是一种为人处世的基本"德性""价值观"和"人生哲学"。它追求人生和社会的美好境界,推崇人的感性和情感,看重人的想象性和生活的多样化。主张思想自由和个性解放,它以人的价值、感受、尊严为万物的尺度,以人来对抗神,对抗任何试图凌驾人的教义、理论、观念、进行中的事业及预期中的目标,对抗所有屈人心身的神圣。联系教育的神圣使命，我们可以据此推断语文教师必须具有的教育情怀和精神，就是强烈的教育使命感和责任心；对教育真谛的不断追问，敢于求真；致力维护教育的公正、公平；始终坚持以学生生存和终身发展为本；关爱学生，诚信处事，心存敬畏，常怀感激，尊敬、尊重自己和他人。

三是努力追求和修炼包括关爱、尊重、诚信、敬畏等精神品格，不断完善师德，以身教弥补言传，以达潜移默化之功。看过一位语文教师的文章，说到不少学生现在称呼教师的方式发生了变化，一律在"教师"前冠以学科名称，凡教语文的教师不管是谁都叫"语文老师"。该教师从学生的角度"条分缕析"出这种称呼方式的不当，对学生提出批评。但是，该教师却没有从问题的更深层次思考学生如此称呼教师的由来。我以为，师生关系的这种变化，与学校教育教学在应试潮的裹挟下，教师教育教学单一瞄向考试成绩、所谓的"三好"以及为了这些所谓的"理想教育"而实施的几乎无甚空隙的"管制"有关，致使爱心和人文关怀缺失，"团结、活泼"全军覆没在"紧张、严肃"甚至"肃杀"的汪洋大海。因为教师只见"分数"，不问个性和特长，于是学生只见学科，不问教师，就成为这样一种教育的必然和常态。语文教育的本真与现实反差最大，遭遇的抵制和反抗最烈，教师受到的"刺激"和"伤害"当然最深。

如此，跳出教材的主动自觉的扩展阅读，应该成为教师的基本生活方式。阅读散文、诗歌和小说等经典，提升对生活和社会的感悟思索能力；阅读《读者》类洋溢人文情怀的随笔、故事和杂感，以经常触动由于生活和生存压力而逐渐僵硬、滞涩的神经中枢；阅读如《南风窗》一类富有社会责任感的杂志，以时时触摸和感受社会政治的"现场"，进而提升自己对生活世界的深度思想力和批判力……正是在这样的阅读过程中，潜滋暗长自身的人文素养，修炼自己的人文精神，培养自己的社会责任感。同时，语文教师也要不断提升自身感悟语言、理解文学、运用祖国语言文字的素质水平。

三

语文课堂要切实开展语言学习和训练，充分实现语文学科的工具价值。

与"人文性"过分夸大和张扬相关，"三维目标"如今成为语文课堂评价难以绕过的"鸿沟"。它成为语文教师设计教学、实施教学和评价教学的"指南"，而且第三维的"情感态度与价值观"又勾连上"人文性"，便"理直气壮"地登堂入室，成为生杀予夺语文课堂和教师的上方宝剑或者"达摩克利斯之剑"。

但我以为，"三维目标"并不是每节课的教学目标。《义务教育语文课程标准（2011年版）》说得很清楚："课程目标根据知识与能力、过程与方法、情感态度与价值观三个维度设计。三个方面相互渗透，融为一体，注重语文素养的整体提高。各个学段相互联系，螺旋上升，最终达成总目标。"《普通高中语文课程标准（2017年版）》在"教学建议"中指出："高中语文教学还应体现高中课程的共同价值，重视情感、态度、价值观的正确导向，充分发挥本课程的优势，促进学生整体素质的提高。"就是说，三维目标是整个学校教育的目标，是各学科课程的目标，而不是每节课必须落实和完成的目标。用三维目标来衡量和评鉴、约束和限制每一节语文课，尤其总是以"情感态度与价值观"目标来认定某节语文课的优劣、高低，显然与课程标准要求相违背。

在这一背景下，我们来思考语文课堂教学问题及其解决方案。

一是就语文课堂的价值追求和目标定位而言，应该从过分强调情意价值的培育转而追求"知识""能力"和"方法"的教学。

从目标设定到教学过程，应该紧紧围绕语文学科的基本知识和基本能力来设计与实施教学，要将三维目标之所谓"知识与技能""过程与方法"作为课堂的重点和主要内容，切实地加以落实和把握。在具体教学过程中，淡化知识包括语法、修辞和文体等的观点和做法应该得到纠正；片面强调思想、情感、价值观因而在大而化之、虚无空洞的主题及其"衍生品"方面纵横捭阖、大做文章，从而导致课堂教学严重失重的做法应该迅速得到纠正；知识引领、方法协助，在阅读和写作中学会阅读与写作，进而形成语文学习的意识、习惯和对母语的情感，并扎实而高水平地掌握祖国的语言文字，应该成为语文课堂的核心内容和目标追求。

二是就教学内容而言，从片面强调"量"的"拓展"转而追求"质"的精深。

没有拓展似乎难以称其为语文课堂，不言拓展似乎就是代表落后。与"人文性"几乎一样，"拓展"似乎已然成为现代语文教师的评判标准。拓展本身没有错，问题是拓展是否"必需"，即使是"必需"，拓展如何在课堂教学中实现，这才是问题的本质。普遍的现象是，排山倒海、轰轰烈烈而来，但又雨湿地皮、不留痕迹而去。如黑熊掰棒子一般，师无所得，生有所失，徒有量的堆砌和"统计"，而没有语文能力的提升和质量的改变。"质"的追求必须遵循文本阅读和学生学习规律，从能力和思维培养的高度对选文有所选择，进行"零距离""亲近式"的阅读。比如文章整体、关键段句、文题文眼，又如反复吟读、揣摩体味、比较推敲甚至"会意而忘食"等，都是关于这类阅读的关键词。在这里，教材选文的精读是第一要务，一篇优秀文章的精读要胜过无数篇一般文章的泛读；一定要坚守一个原则："教"好"教材"，永远是"用教材教"的基础和前提。可以说，"精深内蕴"的语文课堂恰恰不是靠所谓的"拓展"支撑出来的。

三是就学习方式而言，从片面强调小组"合作"转而追求个体"自主"独立的研读。

无论是公开展示还是随堂教学，所谓的"合作学习"（实际上仅仅是分"小组"的集体研讨）大行其道，"合作"之有无，成为新旧课堂的分水岭。其实，这样的学习从效果来考量，除了场面和声势的"热闹""好看"外，不少真的并无"干货"。不仅如此，与之相呼应，"互动""对话"的务虚形态大有席卷课堂、拒斥一切之势。所谓师生对话、生生对话，已然成为"优秀"教师的口头禅。且不论现实课堂"对话"中有许多低级趣味甚至无聊的"笑话"，即使是比较成功的对话，它是不是课堂的主体和主要的教学方式呢？我看未必。这仍然牵涉对语文学习规律的认识和把握问题。回归本源，个体理解和运用语言的能力主要是通过自身独立的理解和运用实践获得的，小组的"合作"学习不过是一种补充的方法和措施，不是必需，更不是主体。没有学习者独立进入文本的深度感受、反复体会，当然无以产生关于文本的真知灼见。于是，所谓的"合作"与"对话"，自然便同拉家常一般的肤浅和浮泛。

四是就教学手段而言，从片面强调多媒体技术转而回归朴实的语文学习。

面对教材文本，自读默思的时间更多一些，所谓亲近母语，指的不仅是距离，而且需要时间；精彩的语段多读一些，读的方式丰富一些，必背的就即时背诵出来，校园之"书香"需要琅琅的书声来烘托；让学生动手点评、造句写话、黑板板演的机会更多一些，理解和运用语言的能力离不开语言的实践和训练；让学生根据抽象的语言文字展开独立的想象和思索的机会多一些，"声光电"尽管好看好玩，但给学生形象思维力带来的不是增长而是束缚、限制甚或破坏，对于语言能力而言，只会是"降解"而不是提升和增强。由此来说，语文课堂中多媒体的使用，必须慎之又慎。

当富含人文精神的语文教师用充分体现人文素养的语文教材去实施教学，在课堂中，又实实在在地致力于"字词句章语修逻文"的工具价值的追求和落实，学生的语文基础知识和基本能力理当逐渐丰富和增长。与此同时，文本富含的人文素养和人文精神便逐渐潜移默化地熏陶、渐染每一位学生。如此，"工具"价值得以实现，"人文"理想渐入佳境。

这是不是"工具性与人文性"的"统一"呢？这是不是一种虽然折中却是在当下解决语文教学问题的思路和策略呢？

附 录

关于"统一"问题的现实思考
——语文课堂观摩笔记

四月中旬，我应邀参加某县教育局举办的每年一度的教师读书峰会，听课，访谈，作报告，并与教师们对话交流。印象最深的是一位来自农村中学的语文教师借班教学的一节语文阅读课，课题是"罗布泊，那消逝了的仙湖"。教师质朴诚厚，教学投入，学生活跃，课堂气氛热烈，应该说教学比较有效。

我在点评这节课时说，这是一节有问题的好课，它提供了关于语文尤其是"工具性与人文性的统一"问题的许多启发和思考。

课文是一篇议论性较强的散文，主要是针对罗布泊的古今变迁引发对我国环境问题的深层思索，通过对比、联想等技巧，借助各种表达方式，特别是真挚浓烈的抒情，表现作者对现实环境问题的深深忧虑，也对未来的社会发展和生存空间提出质疑。这是一篇在解剖社会问题方面有一定深度和价值的作品。初中学生理解文章的难度不大，对主旨的认识也不很费劲。教师的关键教学步骤如下。

导入：与学生一起做游戏。主要是运用手势，模仿杨柳随风飘舞的动作，体会自然伸展的美感；引导学生想象自然之美。

课文研讨一：出示有关古代罗布泊美景的幻灯片，供学生欣赏；而后阅读课文，要求学生浏览关于罗布泊古代美丽景色的描写部分，择取与幻灯景色相应的也是感受最深的重点句朗读，体会句中所表达的情感。

数位学生分别列举自己所认为的重点，并简要评说，同时朗读该句，有些学生在教师的引导、激励和示范下，朗读或反复朗读，以努力接近或完全达成该句表达的情感。

课文研讨二：出示今日罗布泊干涸、沙化、几乎寸草不生的惨状画面，要求学生在课文的相关部分找出与画面对应的描写文字，并给画面配文配音。

课文研讨三：重点放在文章后面部分，主要涉及下列问题。

——罗布泊沧海桑田的变化，主要是为什么？

学生很快回答：是历朝历代人为的破坏。

——在我国范围内，大家所了解的，由于人为破坏而被污染、被损毁的美丽的山川湖泊难道就仅有罗布泊一个吗？能不能再列举一些？

学生发言很是踊跃，因为课文内引申开去的陈述和议论本身较多，这方面的例子也比比皆是。

——把目光收回，看看我们本地，也存在类似这样的情况和问题吗？请挑选最熟悉和影响最大的说说。

因为上课学校是一所重点中学，尽管在乡镇，但不少学生来自县城，对环境污染感同身受，故而闸门一打开便滔滔不绝。即使是农村的学生，对正处于发展期的农业、工业和生活给河流田原等造成的侵害也都有满腔怨气，所以大家几乎是同仇敌忾，一发难收。整个课堂气氛相当活跃，似乎是一场对当地政府发展经济却不顾环境保护、违背科学和谐发展观的举措相当严肃和严厉的批斗大会。

这让教师很满意，认为已经或正在达到自己设定的目标。教师还结合自己在当地生活的经历和了解到的一些材料，进一步佐证或拓展了学生的观点，并给大家以更多的启发和鼓励。

——大家进一步分析研讨，如果是你，应该如何处理经济发展和环境保护的关系？在这一问题上，你今后将如何做？

对这个问题，由于前有文章的观点和情感倾向，后有教师极为情绪化的态度和情感倾向，加上学生自身的经历和体验，答案实际上早已不言自明。无非是分组热闹地讨论走一下过场，然后再当众公开地空洞表态，大都重复。

最后，教师总结，主要是围绕环境保护意识和行动来申论。大意是要大家从罗布泊的消失中获得警醒，从自己做起，关注并保护我们赖以生存的唯一家园，无论如何不能让地球上的最后一滴水成为我们人类的眼泪。总之，环境至上，保护水源，保护环境比保护我们的眼睛还重要。

一位农村普通中学教师靠自己的勤奋刻苦、阅读钻研，有机会在大庭广众之下公开教学，实在不容易。她在完课之后介绍自己的读书和本次上课体会时告诉大家,近年来她读了大量的书,就语文教学而言,主要或者说重点是学习、模仿了某一国内名家(在她眼里,他是偶像级的大师),今天这节课也是向这位大师学习、借鉴的结果。

我觉得从教学基本功和教学素养来讲,特别是她的语文功底,应该说是很不错,但缺陷也是十分明显的。至少可以提出三点质疑。

1. 环境问题是中学生非常熟悉也十分关心的问题,但不问背景,不顾实际,也全然不想想自己生存状况的变化和经济生活的改善,一味地指责和批判政府,这样讨论问题的方式(有点站着说话不腰疼的味道)与原文作者的观点是否吻合?是否就是"和谐"而辩证的科学的思维方法?脱开文本,花那么多时间,在这一问题上做文章,有必要吗?

2. 这是不是一节课程标准和新教材意义上的语文课?或者在传统意义上,它算不算一节真正的语文课?

3. 当然,这些问题归结到一点,还是要牵涉对语文学科性质中最关键话语的理解和认定。在"工具性与人文性的统一"这样的表述中,就具体的课堂教学而言,究竟什么是"统一"?又怎样做到"统一"?本课达成"统一"了吗?

这均可以归结为"统一"在课堂教学中的落实问题。

在语文课堂教学实践中,对所谓"工具性与人文性的统一"似乎可以作出如下解读。

第一,对"工具性"和"人文性"的理解必须正确,对作品中相关"工具"和"人文"两方面的把握必须正确,这是"统一"的基本前提。道理很简单,如果我们对"统一"涉及的具体教学基本内容的理解发生了偏差乃至错误,这样的"统一"就没有什么意义。"统一"得越到位,失误将越大,这就是所谓的"差之毫厘,谬以千里"。

对语文"工具性"特征的理解,可能更应着重把握其语言。正确认识和理解语言,努力学习并掌握运用语言,这才是真正地掌握了一种语言工具。

对"人文性"的理解,我觉得从一般意义和普遍情形来看,假如不是为了时尚和反叛或者区别于前人,将它理解为思想性甚或"道"也是可以的。在我国的文化基因中,在以儒家文化为正统的传统中,就我目力所及,经典中体现"人文"的实在不多。这就是说,进行阅读教学时,假如硬要从不管什么内容和类型的文本中"抠"出"人文"的因子,要么是白费精神和气力,要么是更改"人文"的内涵。

比如《罗布泊,那消逝了的仙湖》一文,似乎谈不上有多少与人文沾边的东西,但是其思想的强烈感染力,却是实实在在的,叫人读之则难以忘怀。问题是,对它的思想和衍生出的情感,我们一方面要正确理解,另一方面要正确认识。

比如固然要保护环境,但也要考虑人的生存、经济的发展。在一个特定的区域范围,当维持基本生存的欲求与生态环境的保持之间发生尖锐冲突时,代表人民利益的地方政府判定利益和行政决策的天平稍许有一点倾斜,我想,也不是不可宽恕,更不是十恶不赦的。坐在课堂里,听着师生言词激烈地对当地政府为了经济或者政绩而恶化了环境的做法的声讨,我就在想,或许教师的工资、学生安坐的教室、美丽的校园,就是地方政府千方百计发展经济换来的。当然,也许发展的过程中一定程度上破坏了环境。假如让那些居位谋政的官员与你面对面,言其两难,述其隐痛,你又会如何呢?

从这一意义上讲,也许真正缺乏"人文"精神的倒是我们这些夸夸其谈的师生。

如果拿某一个话头来说事,结果接触的仅仅是表象,申论出的一个片面甚至是错误的"人文",这种讨论不仅错在问题本身,还误导学生片面乃至反科学思维方式的形成。这样的所谓"人文"如果嫁接给了"工具",以道貌岸然的"统一"泛滥于我们的课堂,就是一场灾难!这样的"统一",真的是不要也罢!

第二,"工具性"与"人文性"是可以独立理解和分析的两个概念。它们在具体的教学实践中,是可以根据不同的文本、要求来各有侧重地进行教学的。也就是说,"统一"并不一味地排斥相对的独立和各有侧重。

有时,研究一点跟课文相关的纯语言问题,如语法、修辞、逻辑和章法,只要对课文的理解有帮助,就是一种必要;有时,对已经从文中梳理出来的作家思想、情感倾向作一点评价、鉴别,只要对认识作家、作品有意义,对学生思维发展有裨益,也应该是一种必需。当然,过犹不及,这样的设计和安排应该有一个"度"的控制。

就本课的教学实施而言,在某些教学环节中侧重工具性因素,比如开始进入文本时,较多地强调语言的体味和感悟,理解不同的表达在思想情感方面的不同,这是在重视语言的理解。这样的教学和研讨是很有意义和价值的。在课堂的后面部分,重在思想性方面,展开较深层次的拓展和分析,也是可以的。

但问题的关键是不能走另一个极端。完全脱离"工具",抛弃文本和语言,无限制地向浩瀚生活的缥缈时空扩散和拓展,沉湎于空洞的说教或无意义的发泄,以为这是环境保护宣传,那肯定不是真正意义上的语文教学,恰恰是当前语文教学的一个痼疾和顽症。这可能也是张扬"人文"大旗的领军人物们所始料不及的。

第三,"统一"的最理想境界是两者水乳交融,浑然一体。在"工具性"与"人文性"关系的理解上,我觉得最恰切的比喻是皮毛关系。

工具是"皮"，人文是"毛"；皮之不存，毛将焉附？这是对两者关系最贴切也最形象的表述。既如此，重视且高度重视"工具性"的问题，同时坚决不能忽视"人文"和"思想"，就是我们信守的准则。这在教学中应该是我们孜孜以求的至高境界，也是最难实现的理想。

本课的教学在这一点上出了差错。假如我们认可语文教学的皮毛即文道关系，那么，该课后一部分的设计应该说是背离了这一"关系"。由课文引申出来的关于环境的命题自然是值得研讨和重点关注的，但无论是话题的起始阶段还是问题的展开和深入阶段，脱离文本、抛开语言、背弃"环境"，无疑是将语文问题上升或误解为社会、政治问题。因为除了问题的引发与课文稍有关联外，后面的所有活动都距离文本太远。这与语文教学"培养理解和运用祖国语言文字的能力"和语文素养的目标要求相距甚远。

理想的设计应该是：当学生通过努力基本把握了文章议论、抒情的要点后，便共同研讨、探究文章实现这样内容要点的"工具性"因素，从用词造句、段落篇章的角度来认真分析文章本身。如作者是怎样达成这样的表达效果的？又为什么会有这样的表达效果？换用其他方式是不是可以呢？其中，值得我们学习借鉴的有哪些？把研究的重点和重心转移到这些方面，是不是较好地体现了"统一"，真正把语文课上成了语文课，而且是有"语文味儿"的语文课了呢！

由此我想到很多语文人或语文研究专家非常忧心的一个问题，现在的语文课堂处于"悬空"和"虚置"状态，所谓的思想的、文化的、精神的、政治的，当然也许是人文的东西被强拉硬扯进语文课堂。你可以不知道今天的课文是什么，但得知道今天讨论的问题是什么。它可以跟课文有关，也可以无关，"教材无非是例子""教材应该是个引子"，成为实施者如此教学的理论或专家评课的依据。问题的关键是他们均忘掉了这"引子"或"例子"究竟是引导你去干什么的。"缘木求鱼"本身尽管非常可笑，但假如知道"求鱼"这一目标并且矢志不渝，其精神还是可嘉的。假如发展到连求着了虾和螃蟹也自鸣得意并炫示于人，甚至还要发扬光大，那就令人感到幼稚可笑了。问题是，这样的课堂在现实的语文教学中几乎随处可见，尤其一些所谓的名师的课堂教学，有的还在通过公开教学、炒作和物化的"成果"流布遐迩，令人忧心忡忡。

由此，我还想到语文教材编写中最为重要的选文问题。著名语文教育专家特别是国内最优秀的教材建设专家洪宗礼先生，是把如同大海捞针般的选文工作视同生命的，每一文、每一字词句总是要字斟句酌，力求文质兼美，所以他的语文教材在国内享有极高的知名度和影响力。但现行少量语文教材的部分版本，观其选文，在比较重视"人文性"的同时，却有弱化"工具性"的偏向。大量国外作品的进入，这原本不是什么坏事，但由于翻译或者非优质翻译的因素，"毛"优"皮"劣，文本的"工具性"无从发生，更无从发挥。我不知道他国的语文教材选用中国古今作品的情况，但认为我们的母语教材还是应该以我国传统经典的作品为主体。如果选编国外作品，必须解决翻译语言的精致优美问题，以实现文本的工具性价值，实现具体教学中的"统一"。

由此，我又想到现行教材按专题组合单元的思路。这诚然是通过教材编写实现"人文性"价值的一种战略，但也要防止另一种倾向。有人经常从思想专题的角度来"兴师问罪"，说你的教材没有顾及这样的主题，那样的内容未能获得准入，是严重缺陷。比如，有人特别提出"生命教育"的专题，有人又提出心理教育的专题，以为这些内容竟然未进入高中语文教材，简直是严重的问题，是可忍，孰不可忍！

乍一听，义正词严，觉得非常在理，应该赶快在教材修订时增补。但冷静想之，又觉得是大惊小怪。"统一"强调的是与"工具性"的统一，是强调就文论文与教学实施时思想与语言、内容与形式间的融合，不是说要将所有关于"人文"的理念、思想和精神的内容全部穷尽，进而一律用专题的形式"统一"到教材中来。这有必要、有可能做到吗？如前所述，语文学科工具性特征在前，人文性特征在后，掌握语言工具第一，获得思想教化、情感熏陶、美学影响第二。假如无限夸大语文的人文性特征，扩大语文学科的势力范围，将思想的、生命的、生活的、政治的、制度的种种思想精神层面的内容，将思想品德课、体育与健康教育课和综合实践活动课的内容，包打天下地纳入语文教材的系统，全部指望语文学科来承担其责任和义务，这既不切合实际，也背离了语文教学的根本任务、目标，把语文当成思想教化的工具。这是一些喜好标新立异却又不懂语文学科定位的人的故弄玄虚之举，于语文学科建设有百害而无一利。

由此，我还想说说"人文性"本身。对于"人文性"概念本身，也大有被滥用之嫌。比如《罗布泊，那消逝的仙湖》一课，教师在介绍教学设计时，屡提如何突出人文内容，如何顾及两者的统一，便让人听而生忧。我觉得在语文性质的表述中，以"人文"冠之尽管无可厚非，只是如此泛用，倒觉得"人文"似乎又被误读曲解了。

第四，"统一"应该是有相对稳定的教学实施方法的。

有人形容现在的某些语文课是"玩课"，学生在课堂上几乎无所事事，不用动手，不用动脑，一节课下来，不需写一个字，不需有一点紧张，偶尔翻翻课文，随意讨论讨论，正确和错误，有效和无效，似乎不负任何责任，于人于己没有什么关系，整个的"空手道"。有人这样描述如今的某些语文教学：凑凑热闹，说说笑笑，课上没有什么所获，课后回味觉得无聊。这样下去怎么得了！

有的教师还振振有词：不这样，又如何体现"人文性"，又如何实现"统一"？

这实在是对语文学科性质、语文课程标准、语文教材和语文课程改革的极为片面的理解。在我看来，"统一"的课堂是需要一定的活动和训练的。

从文章思想内容的理解和把握方面切入，在词义的准确性、文意的深刻性和表达的艺术性方面着力与探究。专注投入地朗读，认真凝神地静思，紧紧抓住一些关键的语言点，细细地联系比较，反复地推敲体会。如此切实地涵咏、品味和体会，逐渐增强自身的语言领悟力，提升语言修养和语文素养。

这里要重点说说朗读。在现在的语文课上，不知为什么，也许可能是变了味的所谓"自主""合作""探究"的影响，课堂上很难听到大声的、热烈的、激情澎湃的、气势磅礴犹如排山倒海般的朗朗书声了。重视个别或全体齐声地朗读，让学生在朗读中受感染、熏陶和教育，获得从语言到情感的影响和启迪，应该是找回语文课堂的"语文味儿"，乃至找回语文显性效益的途径之一。

什么是训练？学生在教师指导下进行的练习就是训练，如表情朗读、背诵、在课本中直接进行的"边评"和分析、板演、当堂完成的小习题、有准备的辩论、即兴争论及其评价矫正等。这是另外的话题，我当以专文论及。

如此，"工具性"才有根基，"人文性"才有着落。现实的语文课堂，迫切需要有机的"活动"和科学的"训练"来占领。唯有这样的课堂，才是"工具性与人文性"真正"统一"的课堂。

第二讲

形神一体　水乳交融
—— 传统文化与语文教育的融合之道

一

语文教育从来都是基础教育领域的"活性元素"。一方面，这与课程本身的"人文"特征有关，它几乎与社会、生活、时代、历史、文化等片刻难以分离；另一方面，也跟语文教师群体的个性活跃程度有关，敏感、热烈、不甘寂寞，尤其勤于创新、求变。从这10余年课程改革的过程中，我们大致发现，语文的变革、变化和动作幅度最大，最令人目不暇接。当然，语文的乱象和问题也最多。如今，"传统文化"一时成为热词。传统文化进校园、进教材、进语文，早已成席卷之势。这一方面令人欣喜，许多年来，包括语文教育在内的课程教学，疏离经典和传统"久远矣"，拨乱反正几乎是众望所归；另一方面，"传统文化"之回归，应该以什么样的内容和形式、方式和方法，似乎还无定见和定论，"摸着石头过河"，各行其是，自说自话的占绝大多数。

有不少学校，通过语文教师"集体攻关"，编写了语文校本课程教材。编者煞费苦心,将中医著作、武术著作、酒经、茶经、道家文化、佛教文化等海选出来,编入教材。当然,教材中也不乏各类传统经典文章和文学,如李杜诗歌、韩柳文章等。

有不少教师,只要课文中涉及传统文化元素,都要勾连放大,铺陈展开。比如提到京剧,就会让学生在课上欣赏这一宝贵的国粹;如果关联上饮酒,必须详细梳理酒文化的相关内容,给学生以充分的感受。诸如此类,不一而足。

乍看起来,现在的语文课程内容丰富了,教学好看了,尤其是"传统文化"似乎真的进入了语文课、语文教学,但细究之,这还是语文教学吗?传统文化要用这种方式进入语文教育吗?

二

回答这些问题之前,我们首先要弄清几个本源性问题。什么是"传统文化"?为什么要弘扬"传统文化"?"传统文化"与语文教育究竟是什么样的关系?

这些年来,为什么"传统文化"会忽然成为热词?细究现实,我们忽然发现,在物质极大丰富、生活和消费水平直线上升的今天,许多社会问题和矛盾接踵而至。就教育而言,包括这样那样的改革,也包括偶尔把"传统"挂在嘴边的创新。

最可怕的是,多年来,语文教育中传统元素在消减,20余年应试却逐渐加浓。如此双重折腾下的中国学生,一方面,少有了"传统文化"的影响和熏染;另一方面,添加了分数和应试的"利诱"。于是,从小学到大学,很多人几乎就是走在一条"精致的利己主义"的大道上。

从这一意义上说,国家关于"传统文化"的发声,不仅有所指,而且对症下药，可谓一针见血，切中肯綮。当然，从高层的发声看，可能更多指向社会层面，指向价值观的建设层面。比如2014年2月，在对省部级干部的一次讲话中，习近平同志说："坚守我们的价值体系，坚守我们的核心价值观，必须发挥文化的作用。"同年10月，在一次文艺座谈会上，他又说："要结合新的时代条件传承和弘扬中华优秀传统文化，传承和弘扬中华美学精神。"这正是要通过传统文化的传承，从传统文化中汲取精华，实现新时代价值体系的重构，复兴民族文化传统，重振中华精神，以此实现中国梦和中华文明的真正崛起。

正是从这个意义上，"立德树人"成为基础教育阶段学校教育的首要问题，从传统文化中寻找源泉，汲取营养，从孩子开始，复兴中华文明，重塑中华民族的价值观和信仰追求。

三

接下来的问题是，泛泛而论"传统文化"，几乎谁都可以说三道四。但如果局限于学校教育、语文教育，走进学校和语文课程的"传统文化"究竟是怎样的呢？

研究这一问题要回到问题的本源，究竟什么是传统文化？我们一心要弘扬的传统文化的核心内容是什么？

所谓"传统"，指的是历史沿革下来的、对人们的社会行为有无形影响和控制作用的思想、文化、道德、风俗、艺术、制度以及行为方式等。所谓"文化"，广义而言，"是指人类在社会实践过程中所获得的物质、精神的生产能力和创造的物质、精神财富的总和"；狭义而言，"是指精神生产能力和精神产品，包括一切社会意识形式：自然科学、技术科学、社会意识形态等"。合而言之，传统文化指的是中华民族的传统文化，假如从形而下的角度看，可以分出无数的品类和内容，如饮食文化、服饰文化、诗歌文化、戏剧文化、中医文化、宗教文化、官场文化、民间文化、宗族文化等。每一大门类中又细分为好多小类，如东坡肉、沛公酒等就从属于饮食文化。假如从形而上的角度言之，是指从中华传统中梳理、整合和凝练出来的精神与价值观。这种"文化精神"，简言之，就是某一群体在生活方式、社会行为模式，尤其是价值观上所表现出来的感情特质和精神品质，体现了一群体相异于他群体的文化特色。再说具体一点，中华民族的文化精神集中表现为中华民族在数千年的文明生活中对每一生命个体在社会中生存、生活无论如何都无法回避的三大关系的正视和准确处理。这三大关系便是人与自我的关系、人与他人的关系、人与自然的关系。据此，北京大学楼宇烈教授认为，中国传统文化的核心观念就是"为己之学，为人之道"。东北师大韩丽颖教授也认为，我国"传统文化"，区别于由古希腊文明开启的把认知、思辨和逻辑的力量作为理解世界依据与"向外部求真"的"理性世界观"，古印度、古巴比伦文明开启的以超越世俗生活的神作为理解世界的依据和尺度与"向彼岸求善"的"宗教世界观"，我们走的是另一条道路，那便是，将人与世界、人与人的伦理承诺作为理解世界的根本依据，强调人对"德"的体悟以及"德"对人的"完善"，即"人德共生"的"德性世界观"。

　　做了这样的梳理，我们就会清楚，假如从社会的角度讨论传承传统文化，自然应该从文化"形""神"两个方面认真研究，全面思考，该继承的要继承，如国粹和一些传统习俗；该发展的要发展，如武术、中医等；该创新的要创新，如非物质文化遗产在现代理念和技术的支持下获得新生。当然，优秀的传统精神尤其需要通过主流宣传、传媒载体、产品推广、丰富多彩的艺术形式,在交流、体验中让全体国民逐渐认同,从而实现文化共识,获得精神成长。

那么,学校教育特别是语文教育是不是也应该像社会和公共教育那样做呢?

学校教育是为实现学生从家庭人向社会人过渡的桥梁和平台。在这个平台上,学生更多的是为了获得未来社会生活所必需的生存生活能力和素养。其中,精神价值层面的引领是其主要任务和目标。从这个意义上讲,学校教育中的"传统文化教育",显然应该是传统文化隐性的、精神层面的教育。

四

语文课程及其教育如何实现"传统文化"的精神价值呢?

我们要认真研究语文课程、语文教材和语文教学的特点。

语文教育是学校教育最为重要的载体。除了生活生存所必需的关乎语言的诸多能力素养外,她还担负着涉及人文、审美和其他综合素养的培养功能。语文教育最重要的载体是语文教材。语文教材的体例设计和安排正是顺应了语文课程的价值、功能和目标实现的要求,以语文知识、能力点为经,以经典文章为纬。一部教材,实际是优秀经典文章的"荟萃"和"集成"。用这种体系的教材教学,主要通过语文教师的"主导",即"示范""引领"和"指导",让学生主体在充分的阅读和表达训练过程中,在关乎语文的生活或情境的切实体验中,逐渐实现语文知识、语文能力和语文素养的稳步提升,获得精神、人文和综合素养自然而然地生长。

长期以来,语文课程、教材和教学问题很多,矛盾不少。在对语文课程"工具性与人文性的统一"性质的研讨中,大家众说纷纭,莫衷一是。语文教学究竟是以实现"工具价值"为主还是以实现其"人文价值"为主?但对这一问题的共识还未完全达成,尤其在语文教学实践中还是乱象环生。我比较认同老一代语文教育专家张传宗和钱理群先生的理解。张先生说:"必须要明确的是,思想性、文学性和知识性都是在语言文字的工具性基础上形成的,这也决定思想教育、文学教育和知识教学必须在读写听说的语言教学的基础上进行,也就是语言教学对思想教育、文学教学和知识教学起带动的作用。语文教学过程中的语言教学是处于主导地位,思想教育、文学教育和知识教学都处于被带动的从属地位,基本任务语言教学和其他任务思想教育、文学教学和知识教学不是并列的,而是主导和从属的关系。"[①] 钱先生说得更为明白:"这些年,针对语文教学中所存在的机械灌输知识条文的弊端,我们比较强调教学中的'感悟''理解'与'兴趣',但确实不能走向另一个极端:忽略必要的知识的讲授,基本能力的训练,语言材料的积累与习惯的养成。这里,还有一个或许是更为根本的问题:语文教育改革最终效果应该体现在哪里?衡量语文教学成功与否的最基本的标准是什么?我想,是要表现为每一个学生听、说、读、写能力实实在在地提高,以及在这一过程中,学生的感悟力、理解力、想象力、审美力实实在在地提高,从而达到人的精神实实在在地成长。"[②] 也就是说,语文教学以语言教学为主导,语言知识的学习、语言能力的训练和培养是语文教学的基本目标与任务;语文教学必须承担提高学生感

---

① 张传宗:《语文教学需要作深层次的研究和改革》,《课程·教材·教法》,2014年第12期。
② 钱理群:《语文教育门外谈》,广西师范大学出版社,2003年版,第173页。

悟力、理解力、想象力、审美力、人文精神和道德品格的"大任"。问题是，这些素质的培养是在听、说、读、写等语言能力训练的过程中潜移默化、水到渠成地实现的。道理很简单，因为语言学习和训练所依傍的"载体"是经典著作。在指向语言能力培养的阅读过程中，文章中潜隐的"人文"自然会渗透熏染、入心入肺。表面上看，"人文"似乎是语文课程教学"主业"之外的"营收"，实际上，这恰恰是语文教育在"道德价值"实现层面的"道家"之境。"无"中生"有"，"无为"中获"大为"。这正是语文教育区别于一般的德育课程或者思想政治课程的独特优势所在。

五

明确了"传统文化"的精髓，知晓弘扬"传统文化"的意义以及学校教育弘扬传统文化的重点，以及掌握了语文课程及其教学的性质、目标和策略之后，我们可以对传统文化与语文教学的关系作出如下判断。

第一，"经典诗文"是传统文化与语文教育融合的关键。

我国古老深厚的传统文化的精髓主要积淀在千百年来千锤百炼的经典著作里。经典著作一向是语文教材的主体成分。选择最能体现传统文化内核——传统品格、民族精神、"为己之学，为人之道"、"人德共生"的德性世界观的经典文本，作为语文教材的"选文"可谓顺理成章。比如，楼宇烈先生郑重向中小学教师推荐柳宗元的《种树郭橐驼传》、王阳明的《训蒙大意示教读》和龚自珍的《病梅馆记》三篇文章，旨在从为己、为人和尊重人性和自然之性诸角度领悟教育的真谛和规律，从而做出优异、卓越的教育。

除此之外，还要考虑并尊重语文教育的本源性目的，力求选文的精妙，如孔子所言"言之无文，行而不远"，以使"文质兼美"；"深刻""深蕴"，学习者钟爱、喜闻乐"诵"，甚至百读不厌，都应该成为选择文章的基本原则。就此而言，经大浪淘洗、千百年而不衰的古典诗歌、散文自然应该是首选。

第二，重构语文教材尤其是"选文"体系是融合的基础。

从历史来看，语文教材因为"选文为主体"的编写体例，对于"传统文化"元素一直有所体现。需要检点和反省的是，似乎从未从语文教育核心价值的高度，从课程标准、课程、教材和教学系统的整体进行高屋建瓴的"顶层设计"。这里有几个问题值得关注。一是要对传统文化中的民族精神尤其是适合中小学教育的内容进行梳理。比如从与自己、他人、自然的和谐处理等维度，分析出适合不同学段学生的内容，分析出一定的系列和层次，在此基础上建构适合语文教育特点的"传统文化"教育系统。二是对应上述内容，尊重不同学段学生的心理特点和认知水平，从我国古代、近代、现代浩如烟海的文化经典，主要是优秀的诗文中选编与之对应的"文质兼美"的篇章。三是重构教材单元。现行教材采用主题单元体制，尽管知识点部分自成系统，但从整体上看，内容特别是文化方面则随意性较大，看不出循序渐进的层递关系。这就需要对现有的教材单元加以系统改造。建立语文教材的明暗两条线，"明线"是语言能力训练系统，"暗线"是传统文化内容的培育系统。如是，从整体看，基础教育的语文教材明暗交错，虚实相间，既是学生语言学习训练的教科书，又是中国传统文化的培育场。试想，从小学开始，学生就系统学习这样一套语文教材，日久天长，他们的传统精神、文化品格，自会与理解和运用祖国语言文字的能力同步增长。

如此，某些学校某些语文教师仓促地、一窝蜂地编写传统文化读本或国学教材，我想就不太有必要了。一是难免与语文教材重复；二是加重学生课业和经济负担；三是稍有不慎，选文不当，可能还会给学生带来负面影响。

第三，在弘扬传统文化、强调民族精神的同时，吸纳域外古今传统文明成果，这是传统文化与语文教育融合必须遵从的原则。

面向大海，春暖花开；兼收并蓄，取长补短，实现与世界先进文化的交融贯通，这也是我国古老文化成长发展的传统精神。一方面，我们要通过古老传统和民族精神的弘扬，"文起八代之衰"；另一方面，西方人文传统、科学精神，同样是振兴广大中华文化的力量之源。所以，习近平同志在各种场合反复强调"洋为中用、开拓创新"，做到"中西合璧、融会贯通"。所以，在语文教材单元选文的组成中，集中体现西方法治文明、博爱情怀、质疑探究哲学和理性思想光辉的经典著作，同样应该占有重要的比例和份额。

第四，对充实和强化了传统文化内容的语文教材的教学，还是要一以贯之，高度重视语言的理解和运用。这是传统文化与语文教育融合的准绳。

当我们研究传统文化与语文教育的关系时，切不可"灯下黑"，忘却语文教育自身的"传统"。比如，"文以载道""文道统一"，实际是我国秦汉以来文章学和文艺理论的重要原则与思想。近代以来，叶圣陶等诸多老一辈语文教育家开拓的"语文本位观"集中体现了语文教育的基本规律，这应是我国语文教育传统，也是我国传统文化的有机组成部分，我们应该继承并发扬光大。这就是说，即便教材选了丰盈和充实的传统文化内容，也绝不意味着语文教学就可以背离语文教育的基本规则，就可以喧宾夺主、本末倒置，演变为"传统"道德说教的课程，变为单一的"文化"传布课程甚或精神教化课程。

近年来，有一种倾向，因为强调传统文化，很多学校强令小学生背诵如《弟子规》一类的蒙学读本，这很值得商榷。死记硬背作为古代教育常见的方法，在现代社会尤其大数据时代理当摒弃，最为需要的是"行其所知""知行合一"，这才是文化传承的真正法宝，也是我国教育的优秀传统。充分利用综合实践活动、校本课程教学和社会实践等，让学生在生活情境中学习语言，体验文化，逐渐锤炼传统精神。

平时的语文教学中，应按照课程标准的要求和精神，在语言学习和训练中，在听说读写能力提高的过程中，水到渠成地实现"文化"的化成之功。强化说教，重回"政治"和思想说教的老路，不是语文教育的正途，也不是传统文化教育的正道。

第五，语文教师"传统风范"和"文化品格"的修炼，是传统文化与语文教育融合的根本。

按照韩愈的"教师观"，"传道、授业、解惑"三大功能中，"传道"之"道"应为"传统"之道、"道德正义"之道。若是"传道"者，本身不知"道"，不行"道"，又何以"传"之？由于语文教育的"人文教育"功能，语文教师应该比一般教师更加儒雅，更加温良恭俭让，更加具有传统道德坚守，更加具有人文和家国情怀。语文教师的优秀在其本应就是进德修业、待人接物、立身齐家诸方面的楷模。

语文教师应该是传统文化的代言人，充满"文化"底蕴、内涵和品位，融通古今，引据经典，提笔可待好文。天文地理、道统历史、民俗风情，均有知晓；"四书五经"、秦汉文章、唐宋诗词，无不精通。语文教师应是传统教育思想的传承人。尽管单一的死记硬背不足取，但积累、熟读成诵、品味感悟以及理解基础上的阐释"评点"、质疑问难等读书作文的传统方法，恰恰是我们今天可以学习借鉴的。有些正可以改善现实应试所致的单一、枯燥、乏味的课堂和教学生态。

语文教师应该有科学的"传统文化观"。现代化,虽言"现代",但都是从"传统"而且主要是自己的"传统"中"长"出来的。尽管我们也应学习和借鉴世界先进的古今文明成果,但"根"一定是中国的传统。即便是中国古老的"传统",比如儒、道哲学中的很多思想观念,从国际视野看,很多也是有"普世价值"的。当然,永远不要忘了,传统中也有不少腐朽的糟粕,一味地"照单"全拿,不知"运用脑髓,放出眼光"、去粗取精、去伪存真,自将贻害无穷。

2017 年 3 月

第三讲
"祛魅"：当下中国语文教育的第一要务

何谓"魅"？《说文解字》云："魅，鬼魅。"与"鬼魅"相关的有一成语，叫"魑魅魍魉"；其中的"魑魅"，指的是传说中山林里害人的妖怪。显然，"魅"是鬼，是一类坏东西。

但朴素的辩证法告诉我们，物极必反。丑到极处就有美，坏到极处反转好。与"魅"相关的也还有绝妙好词，如"魅力四射"。"魅力"是指"很能吸引人的力量"。那么，"魅力"何来呢？是不是可以望文生义，就是坏东西身上产生出来的吸引人的力量呢？这显然是说不通的。我的理解是，就具体的某一事物而言，"魅力"似乎就应该是"祛魅"之力；魅力之产生，实在是因为祛魅，经由了长期的努力，彻底祛除了附着于该事物身上的"鬼魅""狐媚"之后，该事物的本真、淳朴、清新的"魅力"终于公开现身，闪亮登场。

这里要说的是语文课程和语文教育。

一

相比于其他课程的教育教学，一向定位高远的语文教育在圈内外各方人士的眼里，几乎一直是一团乱麻、一头雾水。

近现代中国语文教育走过了一段极为艰难困苦的历史。围绕语文课程是什么、为什么、教什么、用什么教诸多基本问题的争论几乎从语文教学诞生的第一天起便如影随形，一刻也未消停。百余年前争论的问题，至今仍然是经常被炒作的问题；60年前以为定论的观点，至今仍然还在争执不下；二三十年前的炒作，今天仍然有人不时地提起，不断地被以为"新鲜"而翻着"烧饼"。最近几年，课改的"潮头"过去，语文改革"沉寂"时日不久，一场关于语文教育的"个性化运动"便从小学延展至中学。不少语文教师竞相以"某某语文"的表达宣示自己的教育理念和思想，以求特立独行，独树一帜。这本是一件好事，成熟者梳理自己的教学个性和风格，于己是反思、提炼和升华，于人则可以引领、启发和促进。但假如人人都以为语文可以自立门户，且其势蔚然成风，便会成为笑话和反讽。因为语文就是语文，哪有那么多的"语文"呢？

热闹不少，炒作不断，高端论坛常出惊世骇俗之语，自说自话的争战也会引发许多"信徒"跟风。但有关本源的一些关键问题一直未有定论，语文课程"建设"的路线图还是"一地鸡毛"。

圈内的争战似乎关碍不大，现实语文的外部环境才真的让我们紧张和压力如山。

应试的现实将语文硬生生推到火山口上煎烤，分数比拼中的天生"劣势"使得语文的地位在学校课程体系中被"明升暗降"。学生及家长对于语文的公开漠视甚或贬损，带给语文教师的伤痛可说是无以为甚。是啊,语文是什么,教什么,怎么学,这些构成课程的要件问题迄今没有"确定性"答案。于是,在相当长时期无以改变的应试情境里,你无法要求学生、家长和社会无限提升对"宏大叙事"一般的语文价值的认识和理解,语文课程、教学、教师的被"边缘化"几乎就是无从逃避的宿命。

可以说,今天的语文教育已经到了"最危险的时刻"。

问题的症结究竟在哪?我以为今天的中国语文遭遇着极为严重的"魅惑"。

二

语文之"魅惑",第一在"高"。

从标准中"工具性与人文性的统一"的规定,到很多语文专家视创新能力和实践能力为语文教育的价值追求,很多教师每言必提"三维",课堂中倾心于"人文"的宣讲,卖力于"价值观"的鼓吹,每课必连"情感态度与价值观",课堂的结尾几乎固化为"曲终奏雅"——师生共演双簧式的思想和政治"表态"。至于"工具性"的落实、"统一"的体现,则不见了踪影。时间长了,大量一线的语文教师越来越觉得,语文就是教育,学校教育只要一门语文学科就能解决所有问题。

但"高"有"高"的隐忧,"曲高和寡""高处不胜寒"。哲人说,要毁掉什么,最好的也是最简单的办法就是高抬和捧杀,捧得越狠,抬得越高,毁得越快。

现实的结果是,语文课堂变成教堂,语文教学变成玄学。人文教育、道德教育成为语文课的"必需"要素,大量的课堂被一分为二,一半围绕选文做一点理解的事儿,另一半则在空洞地说教、教化上用心思。语文课上,学生越来越头疼,越来越不喜欢,越来越不会学。不仅学生,语文教师也深感越来越不会教,越来越不愿教;越来越多职业的倦怠和疲累,越来越少职业的自豪和自信。当有专家就某些教师语文课堂中硬连思想、高喊口号的做派表示不解并提出质疑时,教师则以"你懂的"一语戏谑着回应,几乎就是在宣示这样一种所谓的"人文"教育近乎忽悠,其中内隐着太多的无奈、应付、抵制和反讽。

一言以蔽之,"高"的表现必然是"空""虚""假";"高"的结果,常常导致全面的形式主义"应对"。

语文之"魅惑",第二在"大"。

20世纪80年代初,我教书时,就被一句响亮的口号彻底征服:"语文的外延就是生活。"于是由此为发端,就有了生活语文、活动语文、文化语文、大语文等语文教育观,有些还据此衍生、扩展,风生水起,做成蔚为大观的"语文帝国"。这从推进语文教学的进步和发展、改革语文学习方式和方法的一面言之,是有道理的。

但由"大"导致的语文教学方面的问题是十分明显、严重的。一些语文教师在课堂之外,给学生安排大量的语文学习活动,要求阅读大量的课外读物,写作大量的札记和随笔;一些教师对语文教材的教学轻描淡写,而对有关考试的训练材料却青睐有加。这直接带来的自然是学生课业负担尤其是课下学习负担的极度加重。有一个笑话实际也是真实生活的写照。国庆长假,好不容易孩子被父母领着去公园游玩,走到山顶,爸爸问孩子:这景象如何?孩子脱口而出:真是太美了。爸爸说:那好,回去可以写一篇散文。妈妈也不甘落后,来到湖边,也问孩子:这景象怎样?孩子信口便说:也很美。妈妈说:那好,回去后写一篇随笔。孩子受不了了,当即提出,别玩了,咱们打道回府吧。语文教学内容、范围和时空几乎毫无节制地扩张竟然"殃"及家庭，真令人叹为观止。搜罗各类语文类杂志，你会发现，据此作为经验介绍的文章并不在少数。但很少有人关注在学校之外极为有限、本应与家人享受天伦之乐的时空中，这样的"语文学习"带给学生的是幸福愉悦还是苦恨烦恼。一旦这样的教学在偶尔的一两次考试中获得较好的成绩，那就更是了得，还得作为经验推广。殊不知，这对学生究竟是痛苦还是幸运？

当前，语文的"大"又有了新的表现。如今的许多语文课上，许多语文教师自觉不自觉地将语文教学与中学的几乎各门课程都紧紧地勾连起来。声光电综合的"多媒体技术"，加速和加剧了这种态势的发展。原本黑白的语文"默片"一下子金蝉脱壳，蜕变为花里胡哨的"狐仙"，从寂静的语言芳草地跃出，在丰富多彩的"生活"间遨游，与声色齐备、感官愉悦如同"轻音乐般"的学科"暗通款曲"，大送殷勤。学生们普遍感觉，语文课好看了、好听了、好玩了，但就是感受不到语文学习进步了、提高了、成长了。

实际上，很多学生和家长对语文的漠视，对语文教师的不礼敬，与这样一种语文教育观及其指导下的语文教学实践的"虚无"和无法"落细、落小、落实"，有着不可分割的关系。

夸大其词，大而无当，上天入地，把"生活"一股脑儿地拉进语文，让语文变成"文化"，这究竟是高抬语文，还是要毁掉语文？"大"的结果实际是"无"，是内容的丧失和形式的虚无。语文学科的地位如此，首先是语文人内部乱了阵脚，接着是"内外"有意无意地"合谋"的结果。

一言以蔽之，当什么都是语文的时候，语文也就"失魂落魄"，什么都不是了。

语文之"魅惑",第三在"全"。

完美、圆满、全面,本是我们这个民族的一个传统,这本没有什么不好。但这是不是就是每件事的要求或者追求呢?新中国成立之后,汉语和文学分科,重视学科本位,后来逐渐倾向"文以载道",此"道"又渐渐演化为"思想政治"。这些尽管与语文之本位相"背离",内容和主旨却相对比较单一;语文教育在"高""大"之外,对于"全"的"欲求",是最近十来年的事儿。伴着"人文"思潮,伴着"人文性"被看成改造语文教学的"良药",语文教材、语文教学领域的"人文"以迅雷不及掩耳之势铺天盖地、排山倒海而来。一夜之间,语文课程从教学目标、领域、内容等网罗和包含社会生活的几乎所有方面——语言、文学、文化、人文、道德、生命、社会、自然等,几乎是全口径、全方位、全天候。你可以穷尽思维和想象,只要能想到什么,生活中已经有的,甚至可能有的,都可以进入语文课程、语文教材。事实是,今天的几乎各种版本的语文教材在这一点上都丝毫不甘人后。无论从单元主题、主题单元呈现的诸多选文,还是从辅佐角色出现的星罗棋布的知识点,我们都不难看出,语文教材几乎是一本中国思想、文化的百科全书,面面俱到,疏而不漏。它好像一个为迎合数百人吃饭、梦想着让所有的人满意,自己却没有什么主见的食堂大师傅做出的饭菜。要什么,有什么,但什么都不突出;蜻蜓点水,没有重点,没有主线,没有层级,没有难点,有的就是一锅大杂烩。说这样的东西是课程,真的是亵渎了课程这一神圣概念的尊严。"全"的追求,本意是为了圆满,殊不知,金无足赤,璧有微瑕,这恰恰是在自毁长城。

一言以蔽之,表现为思想、内容领域贪多求全,包罗万象的语文,在"主题"单元呈现方式有意无意地"暗示"下,教学目标应该是思想、文化、政治教育的导向还不一目了然吗?如此,语文课程还有什么"自我"呢?

三

几十年间,语文教育并不缺少英雄,也偶尔产生领袖,他们对语文教育的理想情怀和浪漫想象,由于语文教育的天然优势,一点也不亚于某些"政治家"。以为语文教育就应该高高在上、雄视天下,以为语文教育就应该如仙人指路般所向披靡,这些"魅惑"都是这种"冲动"的自然表现。这样的魅惑长期以来带给语文教育的影响早已有目共睹。

有鉴于此,以下几个语文的关键问题需要进一步探讨。

第一,理性分辨课程的语文和生活的语文,厘清语文与生活的关系。

讨论语文学习问题,绕不过这个坎——生活。需要特别指出的是,我们所说的语文是指学校中特定的语文课程。

当我们说"语文的外延就是生活"的时候,必须思考的是,生活究竟所指为何?广义而言,学校本身也是生活的一部分,我们所有人每时每刻都在生活,学生在校学习语文和其他课程本身就是生活,为什么单单说只有语文是生活?学校课程几乎全都离不开生活——课改之后,几乎每一课程都在开发学习资源,其中最为重要的就是生活资源。再说,假如我们将课程定义为"经验"或者"处方"的话,任何课程都是直接或者间接的生活。

生活,尽管实实在在,可以感同身受,但又是丰富复杂、无法穷尽的资源。既然如此,当我们把语文课程的学习置于生活的汪洋大海,某种程度上就是自陷语文和语文教育的泥淖。因为语文是基础教育学校的学科课程,需要在特定的时间——比如初中三年或者高中三年,在特定的情境——主要是在学校，而且是与其他各类课程如活动课程、数学、英语等并行不悖地学习，这与社会人士利用业余时间学习语文——这倒庶几可以称为"生活语文"，有着天壤之别。学习者可以为着某种目的和实用功利而学，也可以信马由缰、随心所欲而学；可以"十年磨一剑"，还可以好读而"不求甚解"；可以把一本《红楼梦》读得烂熟，也可以将《唐诗三百首》背诵到底。

学校中语文课程的学习，当然不可能如此。假如将这样的几乎信马由缰的语文学习方式搬到学校中的语文课程学习，究竟是要成全还是作弄学生，是要减轻还是加重学生的学习压力和负担，这是不言自明的。我在中学教书时，由于少量语文教师在课堂内外大肆宣扬如此"茫无涯际"的语文教育观，经常有其他学科的教师来问我，这语文如此玄虚广大，总要求课外学习，还能叫一门学科、课程吗？它究竟是一门知识性课程还是综合实践性课程呢？你们究竟想要学生怎样学习语文呢？还有教师不无调侃地说，既然生活中处处是语文，那我们每天教学的各门学科不也是在帮你教语文，那还要单独列出一门语文课程干什么呢？

就此而言，语文的外延就是生活，作为一种对语文学习的重要性认知，作为一种成人学习语文的策略和方法，完全可以；若无限制地施之于学校学生的语文课程学习，那并不合适，或者说是有许多问题需要解决。

第二，理性看待语文课程与学校中其他课程的关系。

语文是基础学科，基础教育是为学生未来成长和发展奠定基础。在基础教育的课程体系中，语文和数学是其他课程的基础。既然是基础，更多表现为"准备""条件""工具"层面，甘做铺垫和"人梯"。既如此，以为仅靠语文课程就可以解决学生发展从知识到价值观层面的所有问题的想法和做法是天真的、荒诞的。

学校教育是一个完整完备的课程体系,其培育人才的目标需要所有课程的通力协作。即便是母语,语文也不过是基础教育整个课程体系中的一门课程;但要将原本需要学校课程体系实现的教育目标,强加给语文一门课程来独木支撑——比如和道德与法治课程争地盘、抢风头的情势就一直较盛。这既是自不量力,难胜其任,又是超越界限,吃力不落好。

语文与其他课程,既各有分工和侧重,又互有关联和共识;找准自己的定位,更多地在学校、教材、课堂内解决好自己应该和必须解决的问题;不居高临下,不厚己薄彼,而是安分守己、与其他学科协同和谐,学校课程实施与教育的目标即可功德圆满。

第三,依据课程标准建设语文课程,用底线思维统整语文教育的价值目标。

有人说,语文课程迄今为止还不能算一门课程。这是有一定的道理的,因为迄今对语文课程的性质都没有界定清楚。很多人认为它是实践性课程或者是综合性课程。语文课程究竟应该是什么课程?如上所述,语文是基础教育的基础性课程,为其他课程的学习奠基,提供基本知识、基本技能的准备,如阅读理解、语言表达、思维方法等。基础课程一般是分科的、显性的文化课程或者知识性课程。这类课程一般具备的特点有哪些呢?(1)课程体系以科学的逻辑组织;(2)课程是社会选择和社会意志的体现;(3)课程是既定的、先验的、静态的;(4)课程是外在于学习者的,并且凌驾于学习者之上的。

现在看来,从课程建设标准看,现实语文课程除了第二点,其他各点都有问题,做得最差的是"知识能力系统"这样的"逻辑框架"。只有明确语文课程是时间和空间、能力和精力都相当有限的学生在规定学段必须完成的学业，目标简明，内容确定，范围指定，程度清楚，结果可以检测，语文才有可能作为课程来建设，在某一天以"课程"的身份与其他课程平起平坐。

破除"高大全"十分紧要。伤其十指，不如断其一指。有所舍才能有所得，古人云，弱水三千，只取一瓢饮。立足能力和素养，坚持必要和适度，在广泛调研的基础上，对语文课程的具体目标和内容作出规定，对语文教学的范围和方面予以确定。举全国语文之力，这样的语文课程完全可以建构起来。

鉴于现实的混乱，有必要建立"底线思维"的理念，以统整各类语文价值观。语文教育必须走下"神坛"，回归知识、能力、素养，回归语言本身。这是语文教育的基本，也是底线的目标要求。语文教学重要的是揭示语言知识、能力的朴实，体会语言理解和运用表达的美感，"教"要有实实在在的路径和策略，"学"要有真真切切的内容和目标。语文教育绝不回避育德，但不能跟德育课程争地盘、抢饭吃；不排斥人文，但绝不喧宾夺主、买椟还珠；要更重视审美素养、创新意识和实践能力，绝不是空谈高论、务虚求玄。所有这些，都必须以听、说、读、写诸多语文能力提升的底线要求为基础。如果说语文课程的知识能力素养是树，那后者不过是这一树干上自然而然"衍生"出的枝叶和花朵。

我一向以为，语文课程并不是一门高深莫测的玄学，语文教学实际很朴素、很简单。有时候甚至回归经验、本真和规律，实实在在，就可以把语文学好、教好。那为什么语文教育会如此"山重水复"，步履艰难呢？还是因为"人物""思想观念"太多，鱼龙混杂，魅惑附体。之所以"魅惑"之难"祛"，关键是多年来，语文教师多了迷信，少了自信；多了感性，少了理性。回顾语文课改历程，假如要总结教训的话，自信的丧失和理性的损害是最大的问题。

语文教育不是靠玩概念玩出来的，不是被一两个人的口号就可以改变了的。要求煌煌中国语文被一两个概念来概括甚或囊括，那就不独是亵渎或是侮辱，而是小瞧和狂妄了。

20世纪80年代，一大批默默无闻靠着自己单枪匹马的"实验"成长起来的语文人就是明证。他们不信邪，重探求，具理性，肯坚守，真正做到"落细、落小、落实"。我把这样的语文人称为英雄。

问题是，现实中这样简单、质朴、慷慨的语文人不是太多，而是太少。诸多这样那样的功利和用心，让一些人甘于魅惑，沉湎魅惑，甚或参与生产和制造魅惑。

于是，弘扬先贤的理性和操守，学习英雄的品行和精神，成为今天语文人的必由之路。如此，语文的"祛魅"才有可能成为现实，语文教育才有可能最终走向"柳暗花明"。

附　录

语文教学：用"育"的方式"育人"

众所周知，语文教育与其他学科一样，必须在"教书"的同时实现其"育人"价值。问题是，语文教育究竟如何"育人"？是像道德与法治学科那样直白地"告诉"和"灌输"呢，还是基本甚至完全等同于思想政治工作者那样的"说教"和"宣讲"呢？这可能是所有语文人必须认真思考并切实加以解决的重要问题。

以"教"代"育":语文教学的"育人"误区

我们先看看现实语文教学是如何"育人"的。

一位教师在教学九年级下学期课文《关雎》时,设计了如下教学内容。

(1)请学生根据诗歌讲故事;(2)请学生用一句话概括诗歌内容;(3)请学生用一个字概括诗歌内容;(4)从诗歌出发研讨如何谈恋爱;(5)从诗歌出发研讨如何做男人;(6)从诗歌出发研讨如何做女人;(7)从诗歌出发研讨如何处理家庭关系;(8)从诗歌出发研讨如何处理社会关系;(9)从诗歌出发研讨如何做人;(10)从诗歌出发研讨如何做事等。

由一首短诗,延伸出这许多"解读",可见,这位教师的阅读视角和思维方式十分独特,据以设计如此多的"育人"内容,绝对是费了一番思量。

但这样的"个性化"解读,是不是有点离谱呢?《关雎》中真的蕴含了这么多做人做事的道理?退一步讲,即使本诗真的如这位教师解读的那样类似人生的百科全书,真的可以帮助我们解决这么多人生的重要问题,但这些问题真的需要提供给初中学生,让他们接受"教育"吗?真的需要作为"人文性"和"情感态度与价值观"加以灌输和教育吗?再退一步讲,即使可以如此,那是语文教学的主体和重点吗?果真如是,还要"道德与法治课""社会实践课"干什么呢?

这位教师在语文教学目标设定上的主要问题之一,就在于误把语文教学当作"人文教学",误把"工具性与人文性的统一"当作"人文性一统";之二则在于,以为语文教育的育人功能的实现主要是靠每一篇课文、每一节课"情感、态度、价值观"的对号归类与教说到位。

这显然是在与道德与法治等学科争抢阵地了。

设计如此，教学实施又是如何呢？

一节小学语文课《尊严》教学的结尾，教师如此画龙点睛："同学们说得真好，不错，尊严是每个人的立身之本，小到个人，大到国家，没有尊严的维护和坚守，在生活中，在国际关系的舞台上，我们都寸步难行。你们觉得老师说得怎样呢？在平时的生活中，你们将会怎么做呢？"接着，学生表态。有学生说：我一定要努力劳动，用自己的双手换取所得，保护自己的尊严。还有学生说：我一定要努力学习，报效祖国，维护民族和国家的尊严。

教师对学生的表态发言非常满意，大加称赞。特别是对后一学生的表态，格外满意，以为有思想高度，完全实现了本课价值观的教学目标。

这里的阐释、论述，这些总结、陈词都是正确的，都是符合主流的情感、态度、价值观的，尽管"尊严是每个人的立身之本"这一说法有点不着边际。不过，就凭着这位教师借题发挥的空谈玄论，又有多少学生会当回事，信以为真，真的因此而实现该教师所设定的教育目标呢？即使有学生真的当回事了，又有几个学生在短短的几分钟真的受到感染，提升了自己为人处世的能力，增强了自己的尊严感呢？可以想象，上述学生关于尊严的表态有多少是真实诚信的表达呢？最大的问题是，这样的内容是不是本文、本课的教学主旨，这样的"育人"方式是不是语文教学育人价值实现的应有路径呢？

综合这些现象，可以梳理当前语文课堂"育人"或者说"情感态度与价值观"的实现中有如下问题。

第一，从育人内容看，多数是生拉硬拽的"大词高言"的"速配"。一些人以为，只要跟政治、思想工作、主流价值沾边，就是"人文"，就是实现"人文性"的最好素材。语文之"育人"，就是给学生做思想政治工作。于是,不论什么课文,只要与思想、道德、文明等沾上一点边,便大喜过望,不分青红皂白,慷慨激昂地"上纲上线"。

第二,从育人的方式来看,主要是急于事功、流于粗率的直白"宣讲"。教师以为"育人"就是"教"人,甚至把学生当木偶,以为只要告知了、说过了,就能转化为思想和行动。而且,大多不作思辨,不讲理据,就只贴标签或者下指令,更不容异议,不由分说。因而,了无趣味,了无生机,苍白无力。于是,在很多课堂的结尾,尽管教师为"育"而慷慨大言,"声情并茂",但感乎人心、动乎人情者不为多见。

第三,从育人的实效看,对于多数人而言,可能是无效,有时甚至是负效。计算这样课堂中的"育人"成本,速配、一元、宣讲,当然这是我国学校思想品德教育的基本模式和策略,规模大,成本高,但成效低。南京师范大学教授何晶晶面向大学生的一个调研表明,在刚进校的大学生眼里,前一二十年成长历程中,对其影响最大的人是父母和同学;教师被排在比较次要的地位。这充分说明以教师为主体的学校育人今天普遍存在问题,问题的关键就在于无论是"管理"的"育人"还是学科教学的"育人",其思路、策略和方法都有重大的失误。

"育"不是"教":"育人"的内在规律探寻

要解决这一问题,首先需要弄清楚"育人"是怎么一回事。

论及教育,我们总是用"教书育人"来加以阐释。细加辨析,"书"是可以"教"的,"人"则是需要"育"的,就是说,"教"和"育"是有一定的区别的。

古人之"教"和"育"几乎是同义的。《说文解字》云:"教,上所施,下所效也","育,养子使作善也"。这是说,上行下效,培养使之成才成人。所以,《三字经》言,"子不教,父之过"。

但今人所言"教书育人"之"教",与古人已经有迥然之别。教,《辞海》解释为:"教育,训练;传授知识技能;使,令,让。"育,《辞海》解释为:"生育;培植,抚养。"这里的"育",实际与古人的"教"和"育"是同一概念。

从两者的内容和目标角度言之,"教"可能更多地指向生活的技能和方法,"育"则更多地指向个性、品德和人格。从方法的层面言之,"教"主要表现为"言说"和"指令",表现为被教者的"模仿"和"练习"的速成;"育"则是需要计日程功和旷日持久的"养",是生长式的慢功。

"育人"之"人",自然所指为完整的人。但当我们"教书育人"连用时,又似乎有所区别:教书是为学生奠下生活所必需的知识技能的基础,"育人"则是培养学生的德性、精神和价值观。显见的意思是,人的知识、技能层面的东西,大概是可以通过"教"的方式实现的,可以"言传";精神品德层面的东西,是难以或者说不能通过言说、教导、指令实现的,是要通过"育"来实现的。究竟应该通过怎样的"育"才能实现德性、精神层面的提升呢?

很多人知道农民种植水稻的情形。水稻的种植必经"育秧"过程。仲春时节,家家户户都会将一小块田地翻耕曝晒,灌上水,在土中拌上肥料,反复耘耥后,做成垄状。接着把浸泡过的稻种均匀地播撒在田垄的表面,并在田垄中洒上草木灰,条件好的还会在每一田垄上覆上塑料薄膜,以作保温之用。这些工作完成后,农人就几乎不再需要下田。他只需时时关注天气的变化。有寒流来袭,他会将田里灌上水并将塑料薄膜覆盖于垄上,是为保温;一旦气温升高,他又会掀开塑料薄膜,将水放干,是为降温。在整个培育秧苗的过程中,几乎从未看到有农人会每天赤脚下田，性急地扒出稻种，查看有没有发芽的。农人几乎总是在做着"外围"的工作：打造良好的温床，配置最佳的水肥，调控适当的温度和湿度等。基础和资源，环境和条件，观察和帮助，就是培育者的基本工作，但永远不会贴身、"耳提面命"。看来，远远地看着似乎是"育"的一种基本姿态。

由此可以推断出"育"的一些特点。比如，"育者"的资源支持，行为表率，无声低调；育者与被育者之间的距离保持，间接关联等。这不由让人想到古人"有心栽花花不发，无心插柳柳成荫""春风风人，春雨雨人"的名句。

"育"合规律：语文教学回归家园

了解和认识到这些，并不意味着语文教学、语文课堂在"育人"上的无能和无所作为，它提醒我们，应该从主观和客观、自身修养和育人能力诸多方面多多修为，在语文教育的全部活动中，厘清可以"育"的内容，用"育"的方式来育。一句话，遵循育人规律，遵循语文教学规律，实现语文育人价值，这才有真正的语文教育。

第一，充分认识语文课程与一般学科之"育人"的差异，准确理解基于语文人文性特征的人文精神培养的内涵和特点，从而思有目标，行有路径。

语文教育之"育人"重点应该集中于学生人文素养尤其是人文精神的培养。如果仅仅大唱"育人"和"人文性"的高调，却不能准确界定其内涵和内容，实际上就不仅仅是"玄虚"和"空谈"的问题了。

语文课程之所谓"人文性"，其主体就是从教材的选文中直接显现出来的。就一般意义而言，结合这些形神俱佳的选文的教学，结合语文知识的教学、语文能力和素养的培养，落实人文特点，所指的究竟是什么呢？我的理解是提升学生的人文素养。那人文素养又是什么呢？它是人文科学的相关知识、能力以及由此内化、凝聚、结晶而成的人文精神。

人文素养，是人得以在这个世界上和谐、圆融、优雅地生存所必需的内涵、品质、精神、思维方式和思想方法。它不是一般意义上的态度和价值取向，也不是一般理解的基于某种教义的道德感、政治观。它超越于一般的思想观点和政治主张，更多地表现为一种崇高的普世价值。

人文知识、人文能力层面的东西，各人文学科自身的教学就可以获得，而人文素养的核心——人文精神，则需要依据各人文学科的特点，既科学又艺术地加以培养。这需要孜孜以求的"人文精神"，具体包括如下两个方面：一是从生命个体健康成长和发展的内在素质看，包括自爱、自尊、自信、自强、进取、执着、坚韧、独立、求异、求真、批判等个性精神和思维品质；二是从与他人和自然友爱协调、和融共生的角度看，包括善良、悲悯、爱心、诚厚、尊重、平等、宽恕、良知、责任、担当、奉献和敬畏等道德人格。

第二，充分认识"工具"价值的落实，也是语文学科育人功能的一部分，从而理直气壮、认乎其真、扎实到位地教学语文知识，培养学生的语文能力和素养。

各学科知识教学本身就是在"育人"，这是常识。但是多年来，有一种倾向，似乎竭力将学科知识教学、能力培养与"育人"切割为两个独立的"单元"，以为只要过多地强调学科知识和能力的教学，就必然淡化甚至取消了"育人"。一旦如此，似乎就教将不教、学将不学了。实际上，包括语文知识在内的各学科知识都是学生这个"全人"的素质发展不可缺少的营养，其中既有科学的因素，又有人文的因素，语文学科尤多人文。正因为这些知识的丰盈和充实、融汇和陶冶、整合和内化，学生的综合素质、人文素养得以渐渐长成。怎么可以将知识教学与"育人"对立起来呢？怎么可以将"育人"凌驾于知识教学之上，并以此否定知识教学本身呢？

于是，设计教学时，也就真的不需要总是为每节课"育人"目标的实现苦思冥想，甚至弄得神经兮兮，编造甚至无中生有出许多令人啼笑皆非的"人文"价值目标来。遵循课文实际，按照课标基本要求，将规定的知识点教学到位，能力点训练到位，也就是在实施着语文学科的"育人"。在此，我觉得要特别纠正"三维目标"滥用的错误。其一错在于，"窄化""三维"。把整个学科课程设计的理念和思路降格"移用"或"嫁接"为每一课教学必须苦守的"铁律"——设计的依据、教学的目标、评价的标准，以致各学科教师特别是语文教师备课时，为"三维"而"三维"，喧宾夺主，南辕北辙。其二错在于，分裂"三维"。即使认可这种移用的合理，但也不能把"情感态度与价值观"与"知识、技能"和"过程、方法"分而治之。但上行下效，导致很多教师教学理解上的"教条主义"，从而生搬硬套，在实际教学中笑话百出。

第三，充分认识人文素养之形成，与一般知识、能力获得的路径不同，更多的是自主学习、自主建构的结果，从而努力让学生自主阅读、自我感悟，从教材到一切蕴含丰富语文素养和人文素养的优秀作品。

包括诺贝尔文学奖获得者莫言在内的很多优秀作家的成功表明，很多时候，成人、成才与他人刻意地"教"关系不大。他们的观察、效仿、自主阅读发挥着十分重要的作用。现实语文教学中，教师有意为之甚至是片面的"育人"不是太少而是太多，设计时生怕挂一漏万，忘了"育人"的目标；上课时，也提心吊胆，担忧少了"情感态度与价值观"的宣讲，就是很少考虑这样做的实际效果，很少考虑这样做有违成长规律。我们将建构主义作为课程改革的理论基础，但似乎只是将其作为一般学科知识获取的路径。殊不知，人的素质养成才真正是自主建构的。

当然，即使对学生自主阅读、自我感悟并进而自主建构心知肚明，仍然有很多教师总是占据"先知先觉"的"垄断"位置，以引领、指导、点拨之名，或零星"骚扰"，或全面干预，一定要把有着"重大"教育意义的"主题"说明，把"爱国""无私奉献"的口号喊破，否则似乎就"有辱"育人的"使命"。于是，原本应该安静品味、感受、体会、顿悟的过程被强制中断，原本应该生长、拔节、挂蕾、开花、结果并渐趋成熟的过程被揠苗助长，一下子直抵终点。这期间的危害显而易见，没有阅读的时间，没有思索的时间，没有体会的时间，总是被强势语言的声浪，牵着、赶着、逼着、轰炸着，被"请君入瓮"。所以，我们耳闻目睹最多的还是有关"育人"内容的"满堂灌""满堂教"，还是大量的语文教师取代甚或超越思想品德教师，把自己和平演变为"思想政治工作者"。

这一方面是由于教师对语文课程价值、"育人"的误解，不放心因而不敢放手；另一方面，是教师教学能力和人文素养的严重缺失，以至于既无心又无力。

实际上，在语文教学和育人过程中，语文教师应该做的主要是阅读文本的选择和提供、阅读策略的指点和帮助、思维方式的引领和培养。更多的时候，语文教师需要的是守护、期盼和耐心等待，以及学生阅读遭遇困难时必要的点拨和交流。

从这一意义言之，阅读课堂的安静成为"育人"的第一选择。语文教师的安静、安分和本职复位是关键。

第四，充分认识语文教师自身人格魅力的熏染和辐射价值，从而努力提升自己的人文素养，并在语文教学和学校教育生活中给学生以潜移默化的影响。

环境、他人行为和精神因素的影响与熏染，是"育人"的重要路径。人文因素浓厚的语文学科，其教师作用相较于一般学科的教师，这一意义自然尤为突出。现实中，我们早已知道了语文学科的这一特点，而且也注重了这方面工作的开展。不过歧路亡羊之处太多，主要表现为隔靴搔痒、隔空打物、装腔作势、大言欺人，更甚者如孔子所厌恶的，将"己所不欲"却"强施于人"。

现实语文教育中有许多怪相和悖论：自己几乎不看书，却总是强令学生看书并养成看书的习惯；自己不大能阅读，却可以在阅读课上理直气壮地"教"学生阅读；自己不大会写作，却敢于在写作课上指手画脚地"教"学生作文；同理，自己不认同的道理和思想，不甘做也做不到的行为，却道貌岸然地大肆鼓吹甚至"号召"学生必得坚决遵照实行。结果，不但未能给学生真的带来理想设计中应有的成长，反而让学生在厌倦了语文教师空话、套话、假话的说教之后，一并厌倦了弄虚作假的"语文教学"和"语文教师"。

打铁还需自身硬。现在看来，语文教师仅仅为匹配于"工具性与人文性统一"的语文课程特点，也应该全面、快速修养和锻炼自身的师德修养与人文精神，如良知、诚厚、尊重、敬畏、爱心、奉献、公平、正义等。为充分凸显"语文与生活"的密不可分的关系，就必须充分关注、了解和认识社会生活，努力成为接地气、通人烟的社会人，而不是只知"教书"和"应试"，以为校园就是世界，像"不知有汉，无论魏晋"的桃花源中人，一旦接触社会常常堕落为偏执和偏激的"愤青",实际是如孔乙己般的书呆子。

另外,在具体的教学实践中,要发挥自身的素质优势,可以现身说法,可以金针度人,但以适可而止为原则。你的优秀的气质、风度、人格、魅力,本身就是最为生动立体的"人文"读本,即使"桃李不言",也会"下自成蹊"。一旦你时时控制自己"教"的欲望,彻底淡去"训诫、教化他人"的念头,"育"已自在其中了。这就是古人之所谓"随风潜入""山色有无"的至境。

第五,充分认识人文素养"生成"的内在规律,借助与文本相关的特定情境、典型错例,采取参与研习、正反比较等策略,从而让学生自我发现、自我体会、自求进步。

听一位高中教师教学日本作家栗良平的《一碗阳春面》,在引领学生领会了作家的寄寓、主旨,小说的构思艺术,细节描写和语言表达艺术之后,教师设问:都说小说是一定社会生活的典型表现,我们从本小说故事特别是主人翁一家的经历和遭遇中,可以发现日本人民、大和民族怎样的个性特点?与之相比,我们自身有着怎样的不同?从日本国民身上,我们可以学习和借鉴些什么呢?教师要求就此问题展开讨论并课后在日记中整理成文。有学生联系面店主人一家面对每年除夕来店里合吃一碗面的主人翁一家既要帮助又力求保护他们尊严的人文情怀,针对某些国人"为富不仁"或者施舍时的居高临下,深发感慨,有所批判,也是一种自省。

在这里,教师只是围绕阅读文本,选择了一个比较合适的切口,调动和激发学生主动参与、独立思考。这一设计和安排,是在语文知识、能力教学过程中的有机渗透和穿插。这里,没有教师的慷慨大言,最多有一点启发和点醒。

第六,充分认识语文课程"育人"的"有限""渐进"特点,从而有自信，多耐心，静候"柳暗花明"和"水到渠成"。

　　就"育人"而言，柳宗元描述的"郭橐驼"的经验和耐性值得学习，更何况，语文教学之"育人"，不过是整个学校"育人"的一部分，片面地以"三维目标"中的"情感态度与价值观"来衡量某一节语文课的"育人"效果，这是典型的急功近利和形式主义。精神的变化、内涵的提升，主要靠内化、感悟、领会，而这需要假以时日，允许有反复，允许有怀疑和暂时的不认同；不必计较一城一池之得失，不可指望毕其功于一役。至于何时成功，何时成人，我们只能静静守候，默默等待。关键是在语文教学时，我们围绕它用心的多少、用力的大小。

2016 年 3 月

第四讲

"高分时代":中国语文的困境和出路

语文迎来"高分时代"

近来,先是北京,继而上海,接着江苏等省,频传语文高考"加分"的消息。语文教学领域,先是高中,接着是初中、小学,也都欢欣鼓舞起来,以之为一件大快人心的创举。有人甚而认为,语文教育的春天终于来了。

春天之论虽然有点冲动,但这种欢呼和喜悦却不是所来无由。经历过世纪初叶完整语文教育过程的人,经历过山车般动荡和折腾的语文人,或多或少难免会有如此情绪波动和变化。所以,我把这称为语文教育的高分时代,简言之"高分语文时代"。

多年来,语文教学经历了既波澜壮阔又艰难曲折的发展历程。

世纪初启动的课程改革,以理论引领,理念变革为先,试图通过意识和思想的变化来拉动教学行为的转变与进步,从而推动如坚冰般应试桎梏的松动。语文教学领域,大量语文人艰辛开拓,从语文课程标准的研制、语文新教材的编制到语文教师的培训,语文教育实践一时呈现出比较激动人心的气象。比如，模式多了起来，优秀教师自成一家、立宗立派的意识强了起来，教学的生气、课堂的新气象一时令人目不暇接。当然，这一过程也伴生出诸多矛盾和困惑。新理念、新策略、新方法难免与传统教学有冲突，以能力和素质立意的教学与以知识、技术立意的课堂应该有着本质的区隔；现实教学评价和考试改革的严重滞后，又特别加剧或者延长了这种冲突而必然产生的阵痛。尤其是某些语文新理念陈述得含混和模糊、操作中的无序和迷乱更是造成不少的乱象。又如，课标中对"人文性"的强调，对"情感态度与价值观"的重视，尤其是与之相应的语文教材编写中"主题单元"体例的"风行"，以及其他种种人为因素——包括评价在内的诸多因素的助推，语文课堂一时思想堆叠、政治泛滥、精神充斥。2011年，《义务教育语文课程标准》颁布，对于前述的诸多教学乱象，确乎有拨乱反正、矫偏救失之功效。从现实看，近年来的语文优秀课评比中，语文教学开始沉静、理性、反思、回归。有人认为，照这样的态势，如果语文教材顺应其步履，也能淡化所谓的"主题"编写思路，也许语文教学可以越走越平稳，走向正确的轨道。

但是，十余年来的诸多问题，带给语文教学的影响已经十分深重。语文教师对语文教学的自信和自豪已然不是很多，学生对语文学习的热情和兴趣可以说越来越弱化。既因为语文本身知识体系的缺陷，也因为畸形的应试，家长和孩子视语文学科可有可无——既不比数学，更无法抗衡英语，已不是个别和偶然。我们辛辛苦苦地耗费巨资，改了这，变了那，上下左右，天翻地覆，可以说"上穷碧落下黄泉"，以为语文教学必可挽大厦于将倾，起八代之既衰。可是结果呢，我们将自己几乎逼到了墙角，这究竟是怎么回事？

不久前，参加语文教育家洪宗礼语文教育思想研讨会，与会的一位国内著名的语文教育专家沉痛发声。他的大意是，实际上，从课程规范角度看，语文学科现在看来还不能说是一门名正言顺的课程。有人甚至"断言"，在现实背景下，假如没有考试科目和范围的约束、限制，没有传统的主要学科和次要学科之分，没有必修和选修之别，真的允许中小学生自主选择课程，语文会处在一个怎样的地位，实在难以预测和评说。

正是在这样的情势下，各地出台或者陆续出台的语文加分政策，再配以英语学科"水平考试"的"降格"，这对中国语文——我们的母语教育，对广大语文教师，自然是相当大的"利好"。

高分带来的语文"利好"

在我们的传统中，什么叫重要？就是在上者重视。重视就必须有量化和物化的"附加值"。历史经验一再表明，这样的重视和附加，带来某一体系和行业的"繁荣"，几乎是没有悬念的。

教育同样如此。我们的主、副科概念，考试和非考试学科的概念，实际上，一经确立，立马敲定了各自在学校、教师和学生乃至家长心目中的地位。当年，语文和数学高考中的加分——一般区域增加到120分，也经历了很长一段时间，是语文课程地位提高的一个不容忽视的因素。

实际上，加分政策影响最大的是社会和家庭。在这样一个生存压力普遍"增加"的社会，整体文化水平不是很高的群体，对于教育的认识和理解几乎全凭直觉与政府的指令。应试导致的对学科分数的无穷尽追逐，让在分数的竞技中全无优势的"语文"——不是以知识的系统性见长的学科一天天运势式微，容颜尽失。较大幅度的加分，使得在不论什么级别的考试中，语文的砝码加重。单独从分数的角度看，语文学科分数与总分的高相关度,语文分数对学生间成绩名次的决定性作用,都让家长不敢轻言无所谓、随意放弃。这就在全社会营造出一种语文真的重要的浓重氛围,这对今天的中国语文真的是太有必要了。

它直接带来的是学习主体——学生的变化。在最实在的分数面前,学生和家长是无奈之下的"联盟"。孩子想发展自己的个性和特长,但是家长晓之以利害,加上其他学科教师的"呼应",到最后孩子不能不为分数而折腰。如今,语文学科争取分数的"劣势"终于因为忽然的"增量"被部分抵消,家长的改变自然带来学生的改变。也许不久我们都会欣喜地看到,学生校内外的阅读,用于语文学习的时间,都将迎来历史上的最好时期。语文教师的理直气壮,必然重重地影响学生的"情感态度与价值观"。

这当中也有学校管理者教学决策的调整。在学校以应试为主要教育价值取向的情境中,是否为考试学科,每一学科占分高低直接决定了学校课程设置和学科地位,也直接决定了教师和学生对该门学科的重视程度,甚至还决定了这一学科教师在学校中的地位。多年来,应试的逐渐加剧,语文在分数竞逐面前的劣势越来越彰显,语文课程和语文教师在教学决策者眼里的地位下降几乎是不由分说的。无论你如何拿"母语"高度、文化文明传承的价值甚至爱国主义精神境界来说事,在残忍的"分数"淘汰律面前,都显得异常苍白无力。加分自然影响决策,决策自然影响学校的资源配置,如课时数、上课时间,以及学校管理者对语文教师的尊重和礼敬。

这也自然带来语文教师精气神的变化。在以考试分数作为学科价值、地位重要衡量指标的教育体系中,能否帮助学生用最简捷的方式获取最好的分数,可以说是衡量教师优劣好坏的重要依据。这可以说是现实中国基础教育的"丛林法则"。不"信其道",又何以"亲其师"？我曾经这样描写部分地区高中语文教师的生存状况——"学生不崇敬、家长不待见、校长不在意、自己不自信的边缘人与零余者。这与历史上曾经的区域文化高地、学校核心和灵魂的语文人不可同日而语"。今天，伴随高分而来的"馅饼"好运，语文教师在社会、家长、学校管理者和学生心目中的地位水涨船高，他们自然会因为这些外在因素而重新找回迷失已久的自信、尊严和指点江山、激扬文字的慷慨豪情。比如，语文教师在学校教学决策时的参与，由此影响他们的自信和精神状态。

这对现实的中国语文教学，实在太重要了。分数增加带来的这些变化，从有形到无形，从有限到无限，是打气，是提神，是一次力推，是一种造势。从这一角度而言，语文教学的"黄金时代"即将到来。我想，应该是不为夸张的理性期待。

高分消除不了的语文"雾霾"

但是，"即将"毕竟不是"必将"。如果说语文真的进入"加分时代"或者"高分时代"，是否"高分"必然带来语文教育教学发展的"高速"呢？

这显然不是一定的，因为加分和高分不过是决定语文教育发展的外在因素。尽管在教育逐利特点异常明显的今天，尽管这些因素严重制约语文教学的生长和发展，甚至对语文教学的主体产生致命性的打击，如果我们以为只要改变这些外在因素，调整和改变语文教学环境，就一定能带来语文教学的进步和繁荣，这又是异想天开。

在外部环境因素利好的背景下，我们最要研究的是语文教学的内在制约因素。这一方面是因为内因是事物发展变化的根据，另一方面是因为只有内因与外因联动、协调，事物才能获得稳定、和谐的发展。今天的语文教学犹然。

纵观多年来的语文教学改革，我们面临的最大问题恰恰是自己。我们在语文教育理念和实践方面的诸多摇摆与混乱，是语文教育发展的最大制约。

语文是理念最多的学科，从"语文"概念内涵的混乱，到工具、人文性质的不确定，直至发展到今天，语文几乎成为基础教育口号最多、流派最多的学科。这纷纷表现在专家学者的口头、课程标准的陈述和一线教师的实践中。也许有人以为这是"繁荣"，我则以为这恰恰是一种不成熟、不稳定，甚或是无序和混乱。

语文是内容最丰富的学科。从重视知识进而升格为能力和素养，这无疑是一种进步。从语文本身延伸至"人文"，并且恨不得将所有与人文相关的主题、思想和政治内容全部囊括，一股脑儿地灌输给学生，让语文学科变成人文的百宝箱。这究竟是语文的富有，还是学科的泡沫呢？

语文是教法最善"变"的学科。很多人说，现在不少语文课看不懂，既不见语，也不见文，只看见训练的机械、小组的热闹，"招数"和花样层出不穷。一些资深的语文教师越来越感到语文课不会上了，学生不会教了。花、空、玄乎、忽悠，成为表演型语文教学的典型特点。

将这些集中起来，都可以归结为语文教育和语文教师自身的问题。高分时代，"乱花渐欲迷人眼"，更需要我们保持警醒，关注、深入研讨并致力加速解决语文教育的许多深层次的问题。

高分启发我们解决问题的思路和策略

在现实语文教育空前利好的背景下，我们需要致力于自身下列问题的研讨和解决。

第一，整合举国语文教育专家之力，以语文课程性质和目标的准确定位为突破口，构建从标准、教材到教学的语文教育新体系。

多年来，在围绕语文的争论和研讨中，我们步入了一个怪圈和误区。不管争论得天翻地覆，最后都必得定于一尊。或者不管多少不同意见，最后都得尊奉一个标准。我们的很多研讨，要么是针对课程标准，要么是针对教材，要么是针对教学，要么是针对测试和评价，几乎很少见到将语文课程的诸多环节和问题整合起来进行综合性思考和整体性解决的。

这就造成语文教学领域的很多不正常现象：一线教师遇到教材中的问题，课标专家会回复你，这不是我们的事；问及考试评价的问题，教材专家会说，不是我们的事；问及课标问题，考试命题专家也会说你问错了对象。他们很干脆，课标问题你应该去问课标专家。三四架马车共拉一架马车，让车上的车夫手足无措。这种现象迄今数十年间并不见有多少改善的迹象，实在是语文教师的无奈和语文教育的悲哀。

假如教育行政部门或者相关机构组织协调，组建一支强大的精英团队，将语文课程建设作为一项国家工程，整体设计、系统研究，从语文课程的目标性质"上位"顶层设计起，一直到语文教学、评价的"下位"止，打通学段，一以贯之，整体规划，协同"作战"，是不是可以带来语文课程的"凤凰涅槃"呢？这其中当然需要充分发扬民主，广泛征求意见，求同存异，多元并举。

第二，发挥语文课程标准研制专家的优势，以语文课程标准的权威"解读"为突破口，全面梳理并准确阐释课改后出现的语文教育新理念，帮助广大语文教师正本清源，找回几近迷失的语文家园。

语文的思想、理念风起云涌，语文的口号、流派争奇斗艳，本身并无不是。但一旦陷入模糊、含混，令人莫衷一是、莫名其妙，甚或偏离或者背离语文的轨道，却又仍然自以为是，那就令人恐怖了。语文课程标准历十余年之功，苦心打磨、修订，如今已"新鲜出炉"，理当称道。毋庸讳言的事实是，基层一线的语文教师究竟有多少人以之为"案头必备"，遇疑难必作"请教"的呢？为什么如此？教师说看不懂。其中的名词、术语、概念太多了，许多表述太过学术性、专门化。这里有一个非常实际的问题，课程标准究竟是给谁看和用的？我以为，一是给编写教材的人看的，二是给按照标准使用教材教学的人看的，主要是给后者看的。众所周知，后者即面广量大的中小学语文教师，其本职是教书，不是研究，要求他们与大学的课程论专家一样精研理论，既"知其然"又"知其所以然"，不可能也没有必要。现在的标准，大概教材的编者看懂是无疑的，而教师中的绝大多数是无论如何凭一己之力或者小团队之智难以参透的。有人说，不是有课程标准的培训吗？实际上，培训是永远不可能解决教育教学的所有问题的。试想，两三个专家都来解读语文课程标准，其中那么多的理念有谁能保证专家的理解一致呢？如此，培训的结果只能是模糊着进来，更加糊涂着出去。

是不是可以举语文课改专家之力，对课程标准作出权威的解读？比如工具性、人文性、两者统一，又如知识、技能、过程、方法、情感、态度、价值观，再如自主、合作、探究等。如此以正视听，就可以让伪专家遁形，假理论消失，违背规律的所谓理念、口号和模式有所收敛。广大语文教师便不必再惶恐"不知听谁"的，而可以定下心、循规律，按照自己的认知和理解，静静思考、渐渐领悟，从而实实在在地教书了。

第三，就语文课程的价值而言，以厘清"语"与"文"、"教书"

与"育人"的关系为突破口,走出空洞说教的人文教育误区,回归语文的本位和本真。

空洞无物几乎是任何教育的大敌。语文教育很奇怪,从"文化大革命"的政治说教艰难出来,走过一段近乎"语文"的正途,很快便又跌落"人文说教"的"空谷"。课程标准中"情感态度与价值观"的追求又与之"呼应",愈加助长这种势头。一般教师的误解和在语文课堂中比较刻板呆滞的"演出"——较多地表现为高言大词的渲染和鼓噪,更是让这种所谓的人文教育逐渐坠入误区。我觉得,这一切与少数人对"育人"的错误理解有关。学校"育人",尤其是一般课程之"育人",不应该是传统意义上的"教学",而应该是"培育",即"熏染""影响"和"感化"。正如清华大学原校长梅贻琦所言:"学校犹水也,师生犹鱼也,其行动犹游泳也,大鱼前导,小鱼尾游,是从游也,从游既久,其濡染观摩之效自不求而至,不为而成。"由此而言,"教"不是"育",言说和指令更不是"育",做给被"育"者看,让被育者自己去"悟",才是真正的"育"。所以,"人文性"价值的实现靠的是语文教学文本内容的人文魅力、语文教师教学生活(行为举止、神情态度、待人接物)中漫溢出来的人文情怀,及其对学生的潜移默化、熏陶渐染。就此说来,语文教师都应该成为人文教育的"活的课程"。

厘清了这一关系,沉下心来,研读文本,始终围绕语文知识、语文能力和语文素养进行实实在在的教学,才是语文教学。如此,才可能有教学的活色生香,有贴近学生身心关于语文的真学习。

第四,就语文教学而言,以厘清"学""教"策略及关系为突破口,进一步明确语文教师课堂中的角色定位、职责和使命。

以"人本"和"建构主义"为理论基础的课改,强调学生主体、学习中心、自主发展,当然正确。但是,许多过分的解读和极端的操作模式将课堂原本美好的师生关系搞得混乱无序,很多语文教师在课堂中无所适从。就"学"而言,假"合作学习"之名而行的"小组学习"在现实的课堂中所向披靡,而学生的"自主"和教师的"主导"全都成了点缀与陪衬。

学习需要"小组",需要"合作",但就正常的学习个体而言,这些不是主要的学习方式。主要的学习方式还应该是"自主"。在一个相对独立的时空,静读慢念,沉思默想,才可能有自己的个性解读;一个长期总是在"组织"中的学习者,何时能有自己的见解和思想呢?不论是学生的自主阅读学习,还是小组中的交流讨论,又怎能离得开教师的"引导"呢?以为通过学生的互动,就可以解决学习中的所有问题,这是片面信奉"建构"的教条主义者的"空想"。就实际来看,学生的自主和小组,可以解决语文教材中的部分问题,但往往是知识性、较浅层次的能力性问题,解决的路径往往是资料查找和少数学习优秀者答案的共享。深层次的语文问题、能力和思维问题,还是需要教师讲解、分析、点拨和指导。

我以为现实的语文课堂,已经由当年的"满堂灌""满堂问"转而为"满堂放"了。放任学生选"点",放任学生评说,而对其结果不分青红皂白,一律不纠偏、不斧正,听之任之,已是很多课堂的常态。教师不敢讲,不愿讲,不会讲,这实际上是一种不负责任的虚无态度。讲是语文教师的基本功。讲在当讲之处,"告诉"必要的背景和知识,"示范"阅读的经验,"点拨"写作的思路,"展示"自己学习的心得、新见,"指导"语文学习的方法和方向,只要不照搬书本和教参,只要学生喜闻和欣赏,你完全可以讲得天花乱坠、宝雨缤纷,讲得六马仰秣、游鱼出听。在语文训练、应试模式泛滥,课堂小组学习风行的今天,弘扬语文教师的精讲之功,并与真自主的学习相呼应,当可以有效改善语文课堂生态。

第五，就语文课堂而言，以厘清课堂效益和美感的关系为突破口，重构语文课堂新概念。

这几年，对于语文教学效率效益问题的研究相当深入、极致，实践中对知能训练的强化似乎走火入魔，走向了反面。学生不喜欢语文与此很有关系。现在看来，我们需要从美感的维度研究语文课堂，需要通过培养学生的语文审美力来改善课堂，提升教学品位。语文课程丰厚的美学内蕴为学生审美力的培养提供了极佳的资源。语文课堂恰恰应该顺势而为，借助这一契机实现由片面追求效益转向有效与审美并进。这种审美追求，既是语文课程的应有之义，又大大改善了语文机械训练、唯分数是从的僵硬和死板，更加提升了课堂的境界、教学者的境界和语文的境界。

有语文教师"危言"，中国语文已经到了最危险的时候。这虽不免夸张，但我以为是难得的醒世警语。高分时代的"光临"，诚然可以部分缓解"险情"，但危情之消除则需要语文人上下戮力，竭忠尽智，共破中国基础教育的"哥德巴赫猜想"。某些宏观和中观层面问题的解决，需要假以时日，需要等待机遇，甚至盼望"有圣人出"；当下最为紧要和迫切需要的是，一线教师用自身执着的阅读影响学生的阅读；以自己科学的"教"带动学生真正自主的"学"，以自己优秀的审美熏染学生的情操和素养。由此，语文人的形象决定语文的形象，语文人的高度决定语文的高度。由此我们才能匹配语文的"高分"阶段，迎来语文教育发展的"高级""高端"和"高值"时代。

2016年3月

第五讲

教材建设：现阶段语文课程改革的突破口

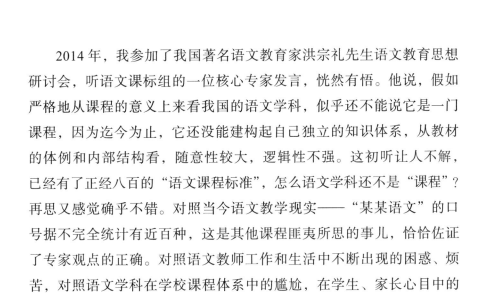

2014年，我参加了我国著名语文教育家洪宗礼先生语文教育思想研讨会，听语文课标组的一位核心专家发言，恍然有悟。他说，假如严格地从课程的意义上来看我国的语文学科，似乎还不能说它是一门课程，因为迄今为止，它还没能建构起自己独立的知识体系，从教材的体例和内部结构看，随意性较大，逻辑性不强。这初听让人不解，已经有了正经八百的"语文课程标准"，怎么语文学科还不是"课程"？再思又感觉确乎不错。对照当今语文教学现实——"某某语文"的口号据不完全统计有近百种，这是其他课程匪夷所思的事儿，恰恰佐证了专家观点的正确。对照语文教师工作和生活中不断出现的困惑、烦苦，对照语文学科在学校课程体系中的尴尬，在学生、家长心目中的地位，对照近年来语文人逐渐失却的自信、自豪和"此恨绵绵无绝期"的悲怆，我们都会生发一声呐喊：中国语文不能再这样不尴不尬、不阴不阳地"折腾""生活"下去了。

那么，语文教学问题究竟出在哪里呢？改革语文教学应该从哪里突破呢？

一

众所周知，对于一门课程而言最重要的环节有两个：一是课程标准，二是教材。"标准"是"上位"环节，顶层设计，相当于操作指南；"教材"是"中位"环节，类似于实践依据。要突破现阶段语文教育的"瓶颈"，就这两个环节而言，谁更为关键呢？我以为是后者。

由此联想到我国改革开放40多年的历史进程。从安徽小岗村农民自发开始"包产到户"的实践开始，到邓小平同志提出"摸着石头过河"的理念，中国社会从此走上了一条波澜壮阔、丰富多彩的改革发展之路。在充分的"基层实践"之后，直到党的十八届三中全会作出举世瞩目的"决定"，才开始真正有了未来数十年经济、社会和政治继续前行的"顶层设计"。一般人以为至关重要的"顶层设计"恰恰是"基层实践"倒逼的结果。近百年来，语文教学走过了"山重水复"的道路，但迄今并未寻找到"柳暗花明"。即便我们有过教学大纲，多种形态的教材，现在也有了"课程标准"，有了并行共存的多版本教材，但依然矛盾突出，争议不断，在关乎语文课程的许多基本问题上，可以说没有共识。课标研制组专家对现行语文课程的评价，本身就是最好的证明。就此是不是可以说，语文课程标准这样的"顶层设计"，还只是"一厢情愿"，是一个"早产儿"，并非瓜熟蒂落。

那么，我们应该怎么教学呢？从既成的现实看，可以两条腿走路：一是进一步强化"顶层设计"，即组织力量，对于语文课程标准反复斟酌，不断修订和完善，但此说知易行难。理由是，争论了近百年，基本的原则性问题还是僵持不下，要在这一点上很快消除异见，达成大同，委实不易。二是进一步推进语文教材建设。我以为后者可能更加符合认知规律，符合"实践出真知"的常识理性。如果思路正确，用心而为，也许多少年之后，在"长青"的实践之树面前，在活生生的事实面前，即便再多优秀的理论和经验都会低下高贵的头颅。到那时，再来研讨，完善课程标准，可能就水到渠成了。

二

尤为重要的是，假如我们承认有什么样的课程就有什么样的学生，是不是可以这样说，好的教材就会有好的教学。用这样的理念和标准来观照我国现行的中小学语文教材，尽管课改之后，教材有了许多突破和创意，但还是有诸多不尽如人意之处。

这里，择其要者言之。

首先，从教材的结构特点看，内容混杂，几乎面面俱到。从选文到练习，从语文知识到综合实践活动，从阅读到写作，宁滥勿缺。仅从选文看，其主题围绕"人文"，穷形尽相，恨不得一网打尽社会科学的所有领域，把语文教材变成百科全书。从综合实践活动的内容、主题看，也是搜尽奇峰，生怕挂一漏万。因为教材内容过于丰富，必使体例烦琐，令无论教还是学，都眼花缭乱，使得语文教材形式刻板，缺少鲜活生气。特别是由于人文主题组元的体例安排，"主题先行""以义害文"，教学中单一追求思想、态度、价值观，至于"语"和"文"如何，就关注不够甚或无以顾及。一些翻译文语言比较生涩、枯燥，就是最好的例证。

其次，从教材的生产机制看，长期以来形成且几乎一成不变的编写"封闭体式"，使得教材本身也"体例封闭"。教材编写者大多是专业人士，也吸纳部分教师中的精英，这虽是必需，但因为太过专业和专门，太过高端，编选时往往自以为是、眼高手低，导致教材精致完美的同时脱离实际,过于理想化。尤其是,几乎无一例外的,所有教材都是全封闭结构,知识点固定,单元内容固定,教学要求固定,很少有师生腾挪和发挥的空间。

再次,从教材的经营体制看,由于我国基础教育体制设计问题,各学段间严格分割,小学、初中、高中三学段完全独立,几乎互不相干,导致每一学科的教学在学段上的"天然"隔离。即使有少量"义务教育九年一贯制""中学六年一贯制"格局的学校,却也很少有语文教师能够"一贯制"地教学——从小学教到初中,或者从初中教到高中,甚至连这方面的研究都很少存在。与之相关联,语文教材的编写和出版,几乎都是"学段山头"。小学、初中、高中语文教材的编写各自为阵,各行其是。当然,这也有地方行政、教材出版部门利益的因素。正因如此,一个众所周知的事实是,三个学段的语文教材,其间的内容难免重复、交叉、冲突,从基本的语文知识到读写能力,从选文到练习设计,难以尽数。即以识字教学为例,小学6年、初中3年学生的识字总量应分别达到多少标准,每一学期、每一学年的分布情况如何,如何做到循序渐进,似乎没有看到精确的分析和总体的安排。这对师生教学的侵害可说是难以估量的。

不仅如此,许多教材尽管是不同的专家组织,但编写者几乎都是同样层次的成员,且全是按照一个"标准"在"依葫芦画瓢",最终还得经过同一支队伍即语文教材审查委员会同一个尺度的审核通过,必然导致"同标同人""同材同构"的结果。

最后,从教材的使用和评价看,古人云:"春江水暖鸭先知",照理,使用语文教材的师生,应该对语文教材感同身受,最有评价的发言权。但现实中,"下"情无以"上"达,交流渠道缺乏或者不畅的情况比较严重。专业人士,如高校中从事语文课程论研究和教学的学者对于语文教材深入研究和探讨的不多。这就使得语文教材建设成为编写者与教材审查委员们"合作学习"的成果。这些人多数不在一线尤其是不在农村或者偏远区域的普通学校教书，这就无法从机制上确保语文教材及时"矫正"和在较大范围内的"普适"。

这些问题，有的是长期存在，有的是十余年来教学改革、教材改革之后新出现的。问题之症结，有的是语文课程建设的体制机制所致，有的是传统和理念的长期定式与固化使然，其中封闭保守、"垄断"经营是要害。

三

据此，今后的语文教材建设应遵循开放、多元、精约的原则，要在如下方面大胆突破。

第一，破除编审"一元"体制，放开"经营"，鼓励探索，形成语文教材编写、实验的竞争"市场"。

我们有过20世纪50年代"汉语"与"文学"分科的实验，也有过"阅读"与"写作"分立的试点，但都未曾假以较长的时日，并给予必要的梳理、总结。实际上，我国本应十分重要的母语教育教材，长期都是"一种版本打天下"的"国营"模式。好不容易，终于走过漫长的"一纲一本"的"垄断"时代。世纪之交，语文教材开始进入"一纲多本"的发展新时期，语文教学呈现出开放、选择、多元的新特点、新气象。但是，十余年来，政治、经济、社会事业越来越开放的发展态势，教育自身渐进中矛盾的凸显，课改带来的教学观的变革以及新旧理念的冲突，语文教学实践深层次问题的暴露，主题单元编写体例的刻板、僵化和政治化倾向，越来越触发我们关于语文教学之本——教材问题的深层思考。现在看来，很多语文问题几乎都与语文教材"大一统"的刻板、滞涩和制约有关。

语文教学要突破现实发展的瓶颈，必须走科学化道路。这条路如何走？还是得"摸着石头过河"。我以为应该择时推进"多标多本"，或者"一标"之下的真正"多本"。所谓真正"多本"，是指允许各种语文课程观、语文性质观都能通过自己的教材系统，有推行、实施的平台和机会。比如说坚持语文"工具论"的、语文"人文性"的、语文"工具性与人文性统一"的，还有其他如"生活语文""大语文"观的，都可以在一定的机制安排下，有教材编写、部分地区实验的"法制"保障。放开"编"，设定准入门槛，让经验丰富的优秀教师都能参与到教材建设中来；强化"审"，不局限于一个固定的"标准"，允许新见甚或"异端"——只要不违背大政方针，都可以自行编写，有机会送审；大胆"试"，只要地方教育行政部门认可，教材选用专家组评审通过，就可以划定"试验田""实验区""语文特区"。如此开放和放开，实际营构的是一个隐含竞争机制的语文教材建设市场。只要教材认真实施，编者与教者注重观察、反思和总结，也许一两轮实验、十年左右时间，终究会优胜劣汰，或者去伪存真，多方融合，摸索到语文课程最佳的知识体系和课程结构，找到语文课程最佳的教学载体。

第二，破除学段分割的教材编写格局，整合力量，集聚资源，建构三位一体的语文教材建设新思路。

贯穿基础教育小学、初中、高中三学段的各门课程，其知识体系都是一以贯之的。为确保知识系统的完整，高度一统、协调的编写队伍与机制特别重要。但语文学科似乎例外。这一方面由于语文教材主编和编者几乎都是兼职，精力有限，且不论是中小学教师、教科研人员，或者是大学教授，大多数有教学和研究领域的局限，一人纵跨三个学段的教师或学者是绝无仅有的。再有，文人固有的传统，虽不"相侵"却也难以"相近"，便导致各学段教材编写组之间几乎很难往来，即使有情感上的沟通，也很难有围绕教材编写的学术探讨。某些地区的中小学之间，还能够由教科研部门牵头，开展中学与小学语文教学衔接的研讨。而最该进行研讨的，应是在教材编写这一教学实践的"上位"环节，但恰恰严重缺失。于是，只要随意翻看从小学、初中到高中的语文教材，稍有语文常识的人都会轻易发现，不同学段的语文知识、能力、素养之间的关系，各自选文、单元主题之间的关系，究竟在哪里，又有多少呢？

解决这一问题，需要国家的顶层设计。破除学段间的"厚障壁"，首先，从教材审查的角度有一个宏观把握和掌控，无论是谁家送审，都必须从小学到高中"三位一体"，不得分段递交。评审时，须增加对教学内容包括知识体系、编排体例和形式的统整性标准。其次，对于各出版部门，做出强制性要求，出版必须是一整套的"连体"成品，不可以分段单独出版语文教材。最后，对教材编写者提出较高要求，要么从小学到高中"一气呵成"，要么必须进入某一体系，在总主编的"统领"和宏观控制下开展工作。有了这样一种控制和协调，如此编出的教材，对于教学自是功德无量。

第三，突破"主题单元"的呈现方式，多元导向，多维发展，实现语文教材百花齐放的真繁荣。

母语教材以选文为主体，通过选文载体呈现活生生的语言材料，让学生习得鲜活的祖国语言，这显然是科学合理的，也被证明是正确无误的。各国母语教学几无例外。但选文在教材中处于什么地位？如何呈现？从我国语文设科以来，不同时期有过许多实践。比如，民国初期谢无量编的《国文教本评注》是首次"兼顾时代先后及文字深浅的两个方面，尝试以文体分编的新体制"。20世纪30年代，孙俍工的《国文教科书》开创以文体、作家、时代、题材为内容的单元组合，夏丏尊、叶圣陶编的《国文八百课》则创设了读写结合与融语文知识、范文和作业于一体的综合单元。当然，50年代以后，我们还有《汉语》与《文学》分科的苏联模式，也有《阅读》与《写作》分科的模式。这些模式或者说选文在教材中不同的呈现方式，表达的是对语文教学性质和价值的不同定位，或者是重在工具性，或者是强调人文或文化性，也或者是试图两性"统一"。

现实通行的从小学到高中的语文教材几乎一律是"主题单元"。"主题单元"的呈现方式是新课标教材的一大创造，它是顺应"人文性"的语文课程性质和目标定位的。尽管修订后的课程标准对于语文教学的工具价值的强调显而易见，但是对于一线视教材为生命的普通语文教师，他们的教学多数还是按图索骥、照本宣科的。也就是说，这样的选文呈现方式、体例安排、"主题先行"，带给语文教师和教学的"明示"或者"暗示"是，教学中必须重点抓住或者突出"思想"内容和人文素养。

如果我们默认语文课程性质定位的争论和暂时的不确定，就不能轻易否定此前的语文教材"文体组元"或者"知识能力点组元"以及其他单一或者混合组元的方式，这样的理解是否可以带给我们关于教材呈现方式更为多元的想象呢？如果我们宽容这样的选文呈现方式、单元组合方式，以及各类教材的结构方式，语文教学必然会呈现欣欣向荣的喜人景象。不远的未来，优秀的、高效的语文教材在大浪淘沙之后也会渐渐水落石出。

第四，突破贪多求全怪圈，精选知识点，精选美文，形成以少驭多、便教利学的教材内容新面孔。

与既往的教材相比，现行教材体量有不断膨胀的趋势，教材总体看越来越厚重、越来越丰富。其中，选文的主题增广、数量增大是主要方面，当然也涉及语言、语文知识点和各种与语文活动相关内容繁杂的因素，称语文教材是百科全书一点也不为过。这一方面是拜语文教学目标定位丰富复杂之所赐，另一方面也受语文能力和素养是多读多写出来的语文教学理念的影响所定。试想，一个"人文性"就可以包罗万象，打尽社会科学的几乎所有门类的内容，"多读多写"的"多"究竟以什么标准来衡量，根本是一个"模糊数学"。这样的结果，不唯编者为"编"所苦，殊不知，给教师的"教"带来的几乎就是灾难。以某一选文的教学为例，真正独立自主地读懂选文，再独立设计教学、练习、批阅作业，这本身费力劳神，不知要花费多少时间。现在的教材，选文多，知识点多，实践活动多，如果每一部分教学内容都躬亲而为，不借助"外力"，凭常人之力，是无以想象的。因为教学内容繁多，大多数课文和知识点均得一课时内完成，于是，教师无论是设计和实施教学，都必得追赶"工期"。在此情况下，教师要么朝暮不眠，要么偷工减料，只能在教学参考书和教辅用书中转圈，就可以理解了。

强调"人文"主题本身无错，但需要对其内涵做一个基本的界定。现实语文教学中，对"人文"泛化理解，扩张"地盘"，口号喊得山响，表面看是"高度重视"，实际是一种虚化乃至变相的否定。正确的做法是，咬定人文素养和精神的内核，精选与之紧密相关的"主题"，再精选相关的文本，组合精致的单元。语言知识、能力、文化知识、文章知识、阅读知识、写作知识、文学知识等，也应该分清主次，删繁就简，去粗取精，与精选的主题、文本巧妙搭配和勾连，反而更可以较好地实现语文教育的人文价值。

多读多写，假如对"多"没有限制，那所言仅仅是指非教学状态下的语文学习。一个人在具备了一定的语文知识基础之后，假如需要通过自学以提高语文素养，这显然是必要甚至是唯一的策略和方法。至于中小学生之语文学习，是在教师的教导指引下依据法定的语文教材进行的一种学习。忽略"教"的价值，无视语文教师的"主导""能动"作用，这也是现实中教学领域和教材编写领域的一个重大误区。我觉得有无语文教师的教学指导，其间的差异就在事半功倍还是相反。就此而言，学生之语文学习，应该提倡精读精写。

假如一学期必修教材七八个单元，或人文主题，或知识主题，或其他主题，每一单元两三篇精美文章，一两个或语言或阅读或文化或写作的知识点，教师的教学从选文切入，贯穿单元知识的教学，知识和能力"近"相照应，感性和理性融会贯通，教得细腻，学得入心，可谓珠联璧合。你想，一个单元的内容，两三周时间潜心研究，每一文本都可以字字句句细细斟酌揣摩，教者从容不迫，得心应手，自不必照本宣科，落人笑柄；而学生，自能静思默想，游刃有余。关键是优秀的文章能够让学生在教师切身感受的引领下，充分体味和感受语之美、神之味、理之远，这才是真正的教学之道。相反，假如贪多求快，"走马观花"，那正是"亵渎"和浪费，辜负了编者的良苦用心。我觉得教材选文，最应秉持"宁缺毋滥"原则。常听教材编者大倒苦水，选好文难如上天摘月、下海捞针，如能将数量控制下来，自减轻了编者之劳。

优化教材选文，使字字珠玑，篇篇圭臬，文质兼美；教学中，教师以语文知识和能力为主线，精讲精析，学生能心领神会，精读精练，这不就能以一当十，事半功倍吗？至于"多读多写"的目标，则可以通过配套读本、选修和课外阅读等方式来实现。

第五，突破封闭固化的教材结构，整合资源，开放"单元"，让每一位语文教师成为教材的建设者。

专家编写教材，高瞻远瞩，高屋建瓴，可以确保质量和"普适"。

但其弊端也很明显，使用者少有发言权、话语权，下情无以上达，主观能动性受到制约。特别是自己喜欢的内容如选文教材中偏偏不选，教材中的很多选文自己偏偏不喜欢，但又得"爱你没商量"。所以，很多语文教师本身不大喜欢教材，并因此影响学生的情感。那么，语文教师能否将自己的语文理解和主张"合法"地转化为语文课程内容及实践呢？

其一，从教材本身而言，打破每一单元的"封闭结构"，变为"开放结构"。所谓"开放"，也就是教材编者在编选每一单元的知识点、选文时，留有余地，给每一教材使用者"腾挪""填补"和"参与"的空间。比如，该知识点的延伸和扩展，该单元相适应美文的遴选，就可以根据班上学生的状况和自己的擅长、喜好来设定。总体方向和目标无变，却以此调动了教师的主体能动性，也促使教师强化自己关于语文的阅读、思考和研究。一举而多得，有百利而无一害。更为重要的是，让教师自己喜欢，从教材到教学。

其二，从教材编写队伍而言，吸纳一线各类层次的教师参与教材编写工作。因为任何语文教师就语文学习而言都会有多少不一的心得，都有自己酷爱的学习内容。古人所谓"春江水暖鸭先知"。教材队伍的"五湖四海"，当然能带来教材内容的新鲜血液和丰富多彩。这几乎可说是源头活水，千金难买。

其三，从上位的语文课程标准而言，变"一标"为"多标"。既然无以让语文课程的性质和目标定于一尊，那就不如让多种语文观并存，共同通过相关教材来"闯荡江湖"。假如有相关的"标准"在制约着，有编者资质的审核，有教材终审的把关，这样的开放也是可控的。倘若如此，无论是单元内容还是教材面孔，其创造和变革都一定是可期的。

我教学高中语文20余年，参与相关语文教材编写10余年，深痛现实语文教学、语文教师的困惑和艰难，尤其是 60 年前的困惑，30 年之后还是问题；30 年前的问题，到今天依然还是困惑。这种轮回对于母语教育、对于为之奉献一生的语文教师几乎就是灾难。如何突破和改变，需要我们的理性和智慧，尤其需要我们当机立断，找到正确的思路和策略。在此不过是愚者千虑之"一得"，供有识者参考。

2015 年 8 月

附　录

关于语文教材选文问题的思考

在基础教育阶段，学科课程的教学实施和价值实现最重要的载体是教材；与一般课程的教材不同，语文教材最主要的内容或者说内容的主要方面是选文；选文，对语文教材的成败发挥着关键性的作用。一个学生对语文学科的爱好程度，往往首先取决于选文的高下；一个语文教师专业水平的高低，学生对语文教师认可度的高低，往往取决于语文教师理解和处理教材选文的能力。与很多成功人士交流，大多会言及中学时期的语文教育对他们成长成功的重大影响。若是具体到语文教育影响的内容方面，则所言多为某一篇文章和语文教师某一篇文章教学的精彩。

对选文的不满直接导致对教材的过分"灵活处理"

选文如此重要，然而，对于当下的中学语文教材，尤其是选文，不满意的声音从未停息。

语文教师常常不满意于选文的重质轻文倾向。一些选文有过多的道德、文化、政治思想说教，过多的政治家论文的汇编，很多文本语言生硬刻板、直白粗糙，极少美感和韵味。这常常会让语文教师生发许多疑惑：语文教育究竟是给学生"语""文"，还是"思想"和"精神"？语文教学与德育究竟有什么区别？这样的教材是语文教材还是德育教材？于是吁求语文教育特别是选文需要回到语文，回到本真，回到文质兼美。

语文教师还常常不满意于选文与"我"口味的不合。"我"欣赏的，以为精品的，觉得学生应该喜欢的文章，教材中偏偏不选；相反，某一类"我"不以为是的，却在教材中出现很多。

学生常常不满意于选文的直白、简单，缺深度，少回味。某些缺少学理和逻辑的空洞说教连大人都很反感，却要学生不仅阅读还要研习，并且训练测评。要学生喜欢这样的选文并进而热爱语文学习，显然是困难的。

正因为语文教材选文的许多现实问题，在语文教学实施特别是教材处理中，许多在其他课程中一般不可想象的变通和应对举措，假以"改革"和"创新"的名义纷纷出现，而且影响深广。

比如，公开教学包括全国性的大型示范教学活动中，教者任意选择和处置教学文本，或是将原教材选文随意更换年级、年段教学，或者从报刊中摘录时文，现炒现卖。至于其文字难易、文质高下、与学生学习语文的要求适合与否，则不一定做周全的考量。

又如，课改之后，"校本"概念风行，"国家课程校本化"（此一提法个人觉得需要斟酌）在一些地区成为课程教学改革的"亮点"。"亮点"中的重点，常常少不了语文国家课程的"校本化"，常常表现为打乱教材原有主题单元的格局，自主增删，重新组合单元、编排顺序，另订计划实施教学等。不论这种做法是否合乎课程改革的大局，是否合乎国家课程的规定与要求，也不说这样的安排对于师生教学带来的可能的或正或反的影响，只说这一事实本身，就表明人们对于教材选文的严重不满，表明选文的标准和原则缺失导致的语文教材权威地位的失落，也表明语文教师对教材选文机制变革的期盼和希望。

再如，"国学"近年来忽然变成香饽饽，不少语文教师亦以推行国学为荣，很多中小学国学读本成堆。但观其内容，虽不乏爱国、弘德、励志、美我河山、壮我意志的，但也随处可见某些"起义"领袖满含腾腾杀气的诗歌，一些官场失意文人遁身佛道后的散文，可谓优劣参差，鱼龙混杂。这样的文字让不谙世事、少有辨别的学生读了、悟了，假如又缺少有见识的教师及时提醒和点化，会有怎样的印象和影响，那是可想而知的。

选文问题是多种因素合力作用的结果

教材选文问题及由此生发的问题之出现绝非偶然，是多种主客观因素合力作用的结果。

一是选文原则、标准及编选方式有偏失，选文质量有问题。让学生通过语文教材中的优秀选文接触我国乃至世界文明成果，在获得语文知识、能力和素养的过程中，汲取优秀文化的滋养，这肯定是语文课程教学的要义。问题是，由于编写的指导思想或者选编者能力水平所限，偏取一端，厚此薄彼，特别是在中和外、古和今等选文的关系处理上，有些教材问题不少，引发反感甚至人们的不满，都是不足为怪的。

从义务教育阶段各教材的选文看，有些编者对于名家名文任意删改，导致文章文气不畅，文意不达；有些选文内容虚空，甚至涉嫌造假；有些编者根据历史或文学，随意改编，甚至将"私货"塞入，语言粗糙，逻辑混乱，令人不忍卒看。这些硬伤对教材和选文的"形象"均造成严重损害。

二是选文追求的"普适性"与语文教师的"个性"存在矛盾。有人说，语文即生活，足以见语文的覆盖面有多宽。于是，教材选文往往在内容领域穷形尽相，力求涉及社会生活的所有领域。但语文教师的语文学习、语文教育常常有着自己的兴趣、爱好，有许多个性化的追求。比如喜欢某一类文体、主题、语言风格的文章，都是再正常不过的了。这样的个性自然会影响他对教材选文的判断和态度。但是要求有限版本、有限选择的教材满足中国所有语文教师的个性需求，这几乎是无法解决的"两难"问题。这考验着教材编者和课程设计者的智慧。

三是选文无法关注中国每一地域的文化个性。尽管有多种版本，但有限的选文还是无法对偌大中国、众多民族、广阔地域的文化关怀周至。这就使得不同区域包括语文教学专业人士在内的各界人士生发不满，有些甚至因为选文内容和情感、价值观存在差异引发区域文化的冲突。

建立标准与文库：引领编者与教者科学编、教

就此而言，无论是理论假设还是事实判断，教材选文——哪怕再多高明的教材编者，哪怕再大量增加教材版本，客观上都无法满足所有内外人士出于各类动机和目的的需求、要求。几乎已渐趋势的语文课程"校本化"，因为其参与主体语文教师知能素养的参差，又难以确保其质量，必然贻害学生，有些区域已然初显端倪。

互相矛盾的两者之间,能否找到一个"有机统一"的"交汇点"呢?

新世纪特别是课改以来,基础教育领域最重要的变化,首推教育"标准"工程的启动与纷纷实施。教师专业标准、校长专业标准、学校标准等从合格底线对教育的基本元素做出规范,改变了中国教育混乱无序的状态。各学科课程标准则是从教学领域对教材编写和教学实施做出规范、要求,让教材编有所本,教学施有所据。语文课程标准对于教材的变革和教学的改变已经有目共睹。那么,能否更进一步,编写语文教材的重要模块——选文时,也建立一种"标准"呢?

建立语文教材选文的国家标准,可以规范和约束从教材编者到教材审查者的编审行为,提升语文课程建设的整体水平,也可以规范和约束学校、语文教师语文课程"校本化"行为,更可以据此引领和提升教师阅读、评价文章的能力和品位。

标准的研制,我以为需要考虑下列因素。

一是语文教学的价值理念。语文教育究竟是为了什么?蒙台梭利说,教育和阅读不是为了教给学生相信,而是教会学生考虑和权衡。启发思维,启蒙思想,启迪创造,可能是阅读内容和阅读教学的本质性追求。

二是语文教学的基本目标。语文知识、能力和素养,识字、读书、作文,我们一定要关注语文课程的这些目标元素,而且需要审美、人文、精神。但这些必须是在上述目标元素的实现过程中潜移默化地"生长"的,而不是强加、"外敷"、空喊的。

三是语文教学的策略方式。当前的语文教育距离学生越来越远,除了应试的原因,还有某些理念影响下的策略问题。"自主"未见"真身","合作"仅得"皮毛","探究"被"念歪了经"。课堂中的教学是一套"体系",这一体系与教师自己、常人平时的真实学习,几乎风马牛不相及。这是不少学生学了多年语文之后仍然不喜欢读书也不会读书的原因之一。

四是学生的认知心理规律。分析、了解不同年龄段与学段的学生的认知和接受心理，据此提供相应层次和内容的阅读材料。过去我们总夸说同一文本在不同的学段出现，可以读出不同的意蕴和况味，但这毕竟是特例，不是普遍规律。以特例为常态，并为所造成的混乱张本，这也是语文教学的"劣根"之一，必须祛除。

据此来确立"标准"，确立标准的基本原则，我以为其原则应该是"文质兼美，经典至上"。

"文质兼美"之"文"，指的是文采，语言的纯正精粹，形式的规范典雅，文章的整体便是一件艺术的瑰宝。

"文质兼美"之"质"，指的是内容，或情感纯真，或义理雅正，或思想睿哲，体现和表达的是传统中的优秀品质，民族和国家的核心价值，以及人类共通的情感、态度、价值观。

要以"经典"作为唯一标杆来确定选文范围。从内容领域而言，应该包括人文、社会和自然科学的任一领域，但以人文为主；从形式而言，应涉及各类文体形式，但应以文学样式尤其是诗歌为主；从地域而言，应该纵横九万里，放眼世界文化和文学，立足祖国，以我为主；从时间而言，应该上下五千年，最近数十年还难以称得上经典的暂不"准入"。

也必须斟酌难易度。现行教材尤其是义务教育语文教材中的选文普遍缺少难度和深度，学生初读很有意思，等到教师来教，索然寡味，除了教学问题，选文本身过于浅显显然是主因。由不知到求知再到真知，这是常人的阅读期待和接受心理。本身已知，你故布"疑阵"使其迷糊再让其走到真知，这不是教育教学，而是"挖坑"。研究今天学生的智力、认知水平和阅读现状，变过易过简的"浅低幼"为适度从难从深的"高大上"。古人云："取法乎上，仅得乎中；取法乎中，仅得乎下。"毛泽东说："语言这东西，不是随便可以学好的，非下苦功不可。"这样的选文，对激发学生学习语文的热情和兴趣有莫大的帮助。

有了标准，再进一步，还可以在国家教育行政或者相关学术机构的组织、引领下，举全国语文精英之力，建设国家语文教材选文库。

这是从便于面广量大的基层、偏远地区农村语文教师而言的。教材编者、语文教师之精英层，大多自能选文，有无标准和选文库都无所谓；但众多的乡村教师囿于资源和条件、见识和水平，即便标准再具体、再清晰，仍然无从下手。选文库之建，可以解其大忧。

试想，若从小学开始，分别建设小学、初中、高中三大语文选文库，每一阶段精选300篇左右的经典文章，供所有教材编者编写教材时参考，供一线语文教师"校本化"语文课程时选用，这对语文教师、语文教育、学生的语文学习，是多大的功德！

传统银行都有一款名为"定活两便"的存储方式，有活期之便，又有定期之利，为储户所普遍欢迎。语文教材的选文"确定"，这是国家课程，必须维护，不可随意更动；而文库文章的"确定"，数量远远超出实际课程建设所需，可供选择的余地很大。这恰可为广大语文教师日常的教材处理、课程校本化，提供丰富厚重的资源和自主选择的空间，这是定中之"活"。如此定活两便，既给语文教师的课程创新提供了重要的资源支持，又为教材选文及其教学提供了十分重要的质量保障。

第六讲

理性回归：确立语文知识在语文教育中的应有地位

十年课改成绩如何？据《人民教育》的一项调研，课改和成果体现在理念提升占73%，实践落实只占25%，喜忧参半。我以为这样的结论同样适用于语文教学，而且从实践的角度论之，问题可能还要更甚于其他学科。语文教学实践领域、语文课堂上的问题又主要表现在哪里呢？有专家用五个字概括了某些地区和学校语文课堂上出现的乱象："死（僵化）""偏（深挖洞）""花（花里胡哨）""俗（肤浅、平俗、流于表面）""空（不丰满，教之无物）""满（课满为患，满堂灌、满堂问、满堂练）"。我觉得这样的概括虽然言辞激烈，但又是基本准确且比较中肯的。我多年来在一线观察、接触了大量的语文课堂和语文教师，深感语文教学问题多多，困难重重；语文教师教学艰辛，幸福指数普遍不高；学生、家长和学校领导对语文的尊重与重视不够。其问题和症结究竟在哪里呢？

我以为，语文知识教学被严重忽视是主要原因。

一

如今的教材和课堂被思想、品德、社会、生命等各类主题教育强势占领，不少语文课堂变成了"教堂"。许多教师用非常直白、片面、一元一极的思维方式，以近乎"教"的灌输方式教学。他们往往对政治主题鲜明的作品情有独钟，并上纲上线，过度解读。

一位教师教学《项链》时，引领学生反复研讨自己对马蒂尔德的看法。

有学生说，他不喜欢马蒂尔德，因为她是一个爱慕虚荣、虚伪的人。教师评价：不错，你是一个非常实在、真诚的人。

有学生说，他认为马蒂尔德是一个值得尊敬的人。马蒂尔德在丢失项链之后，不是找理由、耍赖皮，而是默默无言、埋头苦干，用十年辛劳终于赚得一条项链，还给了朋友。可见她是一个很守信用的人。教师评价：很好，可见你也是一个诚信的人。

在这样的"对话"交流过程中，师生双方既没有对小说故事描写和小说语言做认真、细致的梳理与解读，也没有根据语言和描写对小说人物形象由形到神进行分析、解剖，只是凭借师生阅读小说之后的一点"感觉"便借题发挥，妄说一两点有意无意、或真或假几乎不着边际的所谓"品味"和"欣赏"，不讲理据，不论因果，只有"感觉"。传统的小说教学以人物形象分析为重点，分析人物形象则以小说的情节梳理和背景环境为支撑。至少与文本有着千丝万缕的联系，是要尊重作家的语言表达和辛勤劳动的。如今，这一切似乎都给笼而统之的虚感空言代替了。

品味、体验、感悟等文学欣赏方法的作用和价值被过分放大，成为文章教学、语文教学的主要策略和方法，被加倍推崇，以为它是语文教学的救世良方，可以解决语文学习的所有问题。

最后，在教师的鼓励和"歌德"声中，大家再次齐读全段，算是在"高潮"中圆满完成此教学环节。上面举例的课堂有一定的典型性，然而在这一教学过程，学生的知识获得、能力提升、思维变化，似乎不在教师的考虑中。关键是学生在"感悟"了、"体味"了，而且是在其"自主"的状态下实现的。殊不知，这种教学让语文陷入玄学和不可知论，课堂变成谜语的世界，真正关乎语文的教学几乎不见踪迹。

二

语文教学走到今天这一步，也不是偶然的。

就语文教学内容而言，对"语文知识"教学的认识和实践的摇摆不定是语文教学的主要问题。就认识而言，语文学科要不要教知识，这不是问题，即使是"人文性"的坚决倡导者，也不会反对知识的教学。问题出在——是以语文知识教学为主，还是以人文教化为主。我以为，这两者的矛盾可以通过不同的教材编写模式来调和，编写两种不同主导思想和价值追求的语文教材，由教师选择使用，以此满足不同语文教师对语文教育的理解和主张。就语文教学实践而言，20世纪90年代前后，曾经对语文教育的少慢差费现象进行过大讨论和大批判，把结论归结为语文教育对"工具"价值的追求，改变这样的现实只能靠"人文性"的注入。然而，20年过去了，在新世纪课改的浪潮中，"人文性"似乎已经被发挥到极致，但是中国语文教育的现状仍然不容乐观。现在看来，当时这个结论的得出未免失之简单和粗率。语文教学的问题可能与人文性的关系不大，或者说本来就无关乎人文宏旨。

"标准"和教材的"联动"，带来语文教学目标和内容的游离与偏移。课标提出"工具性与人文性的统一",用一个相对比较笼括的新概念"语文素养"来统领语文教学的内容和目标。如何界定这些新概念的内涵,这令广大语文教师百思而不得其解。于是,不少教师把"语文素养"定位在"人文素养"方面。以人文主题组合单元的教材编写原则,带给教师这样一个导向:语文教学主要以培养学生的人文素养为目标。

专家学者和教科研人员指导带来的偏差,其负面影响不可小觑。

一场课改催生了不小的课改培训产业。专业引领带动教师的专业成长、提升和发展,这是中国教育的必由之路。但是因为对专家的过于依赖乃至盲目崇拜,加之课程标准的话语体系过于专业化和概念化,不同专家的理解、解读和教导互相矛盾、掐架、对抗的不在少数。即便是其中意思比较明确的一些观点,由于部分专家的独持己见,教师也往往无所适从。

语文教师对新课程理念的理解存在偏差,缺乏独立的思考和判断。

新课程、新课标、新教材以及与之配套的培训,全面提升了语文教师的语文理念和教学思想,教学方式也有了一定的变化。由于语文学科的人文性和模糊性特点,语文教师在应试和分数的重压下,将原先的母语教育的优势、尊严、自信和话语权丧失殆尽。相较部分易于拿分的学科教师,语文教师很少有自己的独立地位,因而从个性品质而言,很多人缺乏独立精神。不仅如此,这几年由于应试,某些区域发明发现的提分绝招也纷纷假以"课改"之名,风靡各地,如经由集体备课制度而生的"学习案"等,以纯粹训练的方式被"集体""登堂入室",成为同年级各班级学生课堂学习的主要依凭。格式化、一体化、同步化,语文教师便在这样的温水中像蒸煮的青蛙般慢慢"死亡"。对语文教育特立独行的理解、主张和行为上的执着坚守,则成为罕见。尊崇一个标准，顺应所谓的专家观点，拿来别人曾用的做法，等等。客观的规定和要求加上主观的追求与顺从，就有了语文课堂上特有的现实。

三

我以为，现阶段，回归语文，回归语文教学本源，是拯救语文的良方。一是把语文当成一门课程和学科来对待，即便是人文性很强的学科，它也应该有自己的知识体系，有自己固有的价值追求。工具性是语文学科的本质属性、基本特征。二是研究语文知识对语文学科的重要意义和价值，让语文教育回归本位。当然，也要厘清它与人文性的关系以及这种关系对语文教学的价值意义。三是研究语文知识主要指的是哪些知识，又如何教学这些知识，这显得尤其重要。

不是知识不重要，也不是学生不喜欢语文知识，而是长期以来我们对语文知识的研究不够，没有使之成为体系；与之相关，语文知识本身的魅力和其呈现的美感还没有为广大语文教师和学生所认知；语文教师掌握的知识、获得的能力远远不能满足学生对语文学习的需求，语文教师还不能通过自己对语文的爱、对语文的美的感受，以及自己的语文能力、素质和修养来感化和影响学生。

语文学科教学需要关注如下知识。

一是语言知识和文化知识、字词句章及其特点和规律。比如，议论文中的证明类和阐述类知识，这些是语文学科最基础的知识。这种知识应该是关于语文的静态知识、描述性知识，是可以通过一定的组织架构使之系统化的知识。如今，这些知识已经具有一定的系统和体系，需要再做一些实实在在的科学筛选，以强化其必要性，实现其实用性。

二是关于语言运用类的知识。听、说、读、写的知识，语法、修辞、逻辑、文章知识，不求如何系统，但求实用；方法性知识，也被称为程序性知识，是由知识转化为能力所必需的，也可谓之动态知识。

有人要问，为什么需要这些知识？为什么要教学这些知识？不是有很多人没有经过如此系统的学习也学好语文了吗？不是说语文学科天然的特点就是模糊性吗？这些说法没有错，但这绝不是否认语文教学可以知识化的理由。语文是母语，每个学生走进学校，都不是零起点。语文的规律性的东西可以通过特定的语境、自己的感性语言实践习得和掌握。但这绝不意味着所有人的语文学习都可以经由这一路径。这些代表和揭示了语文能力形成规律的知识系统，恰恰可以让学习者从理性和科学的角度学习、掌握。这与通过纯粹感性的方式学习语文，尽管殊途同归，但就大面积教学而言，一定有速度和效率之别。

那么，如何学习这些知识，进而形成语文能力呢？

1. 以讲解为主要形式陈述、告诉、介绍和说明。

有些知识需要通过教师的精讲让学生快速掌握，并不是所有知识都需要让学生自己去探求，假如任何知识都强调探索，那就不需要学校教育，不需要知识的传授和继承了。比如，教学《谈骨气》这类议论文，就可以直接从议论文的要素出发，告诉学生三要素的知识，然后让学生自读课文，从中找出这些要素，在认识议论文特征的同时，读懂这篇课文。

2. 以展示为主要形式的示范教学。

教师可充分展示自己本文阅读、本题写作的过程和体会，展示自己的思维路线，让学生在感同身受中获得诸多方法性的启迪。这当然会对教师的语文素养提出很高的要求。一位特级教师在教学鲁迅的小说时，抓住小说中的人物关系这个关键，通过反复阅读和感悟，发现鲁迅小说的写作结构——环型向心结构，每篇小说总有一批不同层次的各色人等围绕中心人物，与之一起表演故事的共同叙事特点，据此获得鲁迅小说的真谛：揭露国民的劣根，表达哀其不幸、怒其不争的复杂情愫。这种解读迥异于一般对鲁迅小说价值的认识。

3. 以点拨为主要形式的引领、指导。

当学生学习过程中遭遇问题和困难，教师的巧妙启发和引导往往可以指点迷津。有学生写作记叙文时，总觉得自己叙事、抒情的句段前后关联不够紧密，情势不强，因而感染力不足。教师可启发学生回忆鲁迅的《从百草园到三味书屋》《藤野先生》的相关段落，体会连词和副词等关联词使用的精妙。师生通过重读这些精彩段落，共同回味和思考，引导学生从中悟出技巧，获得方法，并很快内化为自己的能力。

另外，从总体上看，知识的学习和掌握主要有两种路径：一是在读写的过程中贯穿知识的学习。字不离词，词不离句，句不离篇，一切在语境中完成。这就是把读写能力的训练和培养与各类语文知识的积累和巩固紧密地结合起来，很好地避免单一、机械重复记忆的不足。这也是我国语文教材以选文作为主要呈现方式的优势所在，也是传统语文教学的优势。这种优势理应得到很好的传承和发扬。二是在知识传授的过程中辅之以必要的、丰富多彩的语言运用材料。如优秀的文学作品，既可以是阅读理解的范例，也可以是写作指导的经典。专门的知识讲授有时是一种必需，但其方式方法应该有别于那些专门的研究人员，用感性材料，举大量实证，实虚相间，事理互现。

一句话，将知识传授的系统理顺，将知识学习的方法选准，将知识运用的素材和技能分析清楚，训练到位，语文知识的教学应该不是一件可望而不可即的难事。

第七讲
阅读教学：目标确定和方法选择

一、阅读教学的目标确定

到学校调研、学习，走进真实的语文课堂，我发现语文教学特别是阅读教学的目标问题依然未能得到很好的解决。这一关键问题不解决，课堂教学的其他环节出现问题，课堂教学效率和效益不高甚或低下也就理所当然了。这里我想谈三点想法。

"三维目标"能一一落实吗？

现在提目标，必提"三维"，似乎不提或者表述不准，就会显得"老土"。教过那么多年的书，一直未上升到"维"的层次，就像白教了一样。这显然有点儿矫枉过正。在具体的教学过程中，很多教师特别是一些理科教师深感课堂教学过程中编制并完整地实施如此详细的目标体系实在是力不从心。从我个人的教学实践看，从"知识与能力"和"过程与方法"的角度来设计相对好一些，因为有形而具体，恰恰是教学内容的应有之义；要每节课的教学内容和教学过程都落实某一方面或几方面"情感态度与价值观"的目标或者说"教育"功能，不要说教学的实施阶段，就是编制或者"备课"阶段，也是很费思量的，伤透脑筋。无奈之下，教师只能"拉郎配"，弄一些不着边际的"标签"。

事实上，很多情感因素是难以用言语表达清楚的，所以才有"只可意会，不可言传"，才有"潜移默化"的教化思想。现在看来，"情感态度与价值观"主要不是靠教师教学中人为预设的说教和灌输，而应靠学生学习过程中的"感悟"，或者是靠教师教学过程中自身的人格精神的熏陶与渐染。更重要的是，"情感态度与价值观"不一定可能也很难像"旗帜"般高高举起，并醒目地插在哪一个地段上，而是比较多地渗透、闪烁、掩映在关于"知识与能力""过程与方法"学习的每一个过程和某个环节中。

这样说，绝没有半点儿轻忽"情感态度与价值观"目标巨大作用与重要意义的意思。

为什么要把"目标"转化为"问题"？

一般而言，教学目标主要来自两个方面：一是教材编者的设定，某个知识点、能力点，学习者必须达到的标准和要求；二是教师根据教材编者的意图、学生的现状以及经验和理解所进行的设计。

这里所说的"问题"是"基于目标"的问题，即"问题"应该是从"目标"衍生的，是紧扣或者围绕目标的。既然如此，我们似乎可以这么说，"问题"更多的应该如"目标"一样是编者和教学者设定的。正因为是"问题"，一定非常欢迎和鼓励学习者自主学习或者预习之后提问、质疑。课堂教学中的"生成"，主要应该指的是这一方面。这恰恰是新课改教学观与传统教学观的重要分野。当然，在以学习者自主的动态课堂上,指望一批根本无力确立学习目标的学习者"依据""紧扣"或者"围绕""目标"来提出问题肯定是不现实的。但是否我们就要把那些也许暂时还看不出跟"目标"有什么关系的"学生自己的"问题逐之课外呢?这显然大可不必。

实际上,编者和教者设定的目标与问题,有时也不一定就是所有学习者的目标和问题。这就是因材施教原则最重要的地方。学生特别是通过小组研讨提出的问题有可能才是真正的问题。这样的问题,对本班学生而言,也许比所谓的大一统的目标来得更为重要;这样的问题,就需要师生作出认真研讨并加以圆满解决。

把"目标"演化为"问题",是对学习者主体的尊重,是让学习者主动的前提;因为是"问题",课堂教学的"目标"任务更为集中突出,学习者的心力精神更为专注、投入。一定意义上讲,这也是对教师主体、主宰和课堂话语霸权的有效剥夺。当然,我们不能完全排除个别教师自问自答和你问我答的特例。

曾经亲闻一位高三数学教师讲的故事:

他对全市高三数学教师示范复习课教学,两节课连排。中途休息时,一学生来跟他交流,先是对教学的完整、完美、精致、透彻予以褒奖,接着说了一段令他回味良久的话:"老师,我们认为今天课堂中最精彩、最有用的是对这一问题解决中某一环节的详细解剖,实际上,你讲的其他环节我们早就懂了,不需要费这么多的时间和精力;假如你能把你备课解题的思维过程一并展示给我们,可能比什么都顶用。"

可以想象,那样的课,如果换成以围绕该知识点的学生的问题为中心,可能教学时间会减半,教师的讲解减半,而教学效率和效果则倍增。

特别是当我们的课堂上学生主动发问的机会越多,理解水平越高,质疑能力越强，教者被"问"愣、"问"倒的可能性越大。于是，他必然三思、深思，有缓冲回旋，自然而然，纡尊降贵，和学生一起研讨分析，共同解决某一问题。

如此，我们距课堂中师生平等的教学理想就近在咫尺了。

"问题"何来且由谁来处理？

如前所说，课堂中的问题一般来自三个方面：一是编者，表明编者意图和教学要求，如单元后的设问和练习；二是教师规定，明确教学任务和教学重点，如三维目标；三是学生提问和质疑。

一般来说，教师设定的目标、问题肯定已经充分考虑，兼顾了教材编者的意图，也一定会从经验出发，充分考虑学生的实际。在实际的教学中，这样的预设可以说非常重要，是确保课堂教学稳定、高效的前提。当然，在具体的教学过程中，教师也会因问题解决中遇到阻隔或者学生活动特别而改变原先的预设，从而临时设计新的问题，以推动教学活动继续推进。这样的情况，对于一个稍有经验的教师来说，应该没有技术上的难度。因为无论是课前预设还是教学过程中的临时"决定"，都是教师自己的问题，答案也都在自己兜里装着。主动权在自己手里，自然没有什么担心和害怕的。

关键是，来自学生的问题怎么办呢？

记得 2003 年暑期，我在全国中学语文教学研究会于大连举行的课堂教学观摩会上上过一节示范课，面向刚升高一还未入学的学生教学高中选修教材中沈从文的《菜园》。当教学任务基本完成，课临近尾声时，我说："这篇小说很长，我们只是解决了其中的部分问题，大家看看还有哪些问题，提出来，用余下的时间研究。"

我话音刚落，一位学生当即提问："我在按照老师的要求编制作品主人公的年谱时发现，她去世的时间竟然是在作品发表的时间之后，这是作家沈从文先生的失误，还是我阅读理解的错误？"

对此问题，我丝毫没有准备，一时语塞，只能说这个问题自己阅读时未曾发现，还没有思考，我们一起来看书，看有谁能给出一个比较好的回答。当然，后来有学生给出了答案，我也从懵懂中清醒过来，较好地解决了这一问题。

可以想象，如果开放后的课堂以问题为中心，是完全如上所言的状态，那就变成了"答记者问"，变成了少数学生的"才艺表演"，变成了对教师"脑筋急转弯"式的智力测定。这显然有违教育的公平性原则，对教师也是不公道的。

最近读到美国人教学汉文的一个片段：

"我们今天学的新课的作者是杨朔。大家是想看了课文再了解作者呢，还是了解了作者再看课文？"

"先看课文吧。"大多数人对于新课文有着很大的好奇心。

"那好，大家自己读课文，在小组里把值得讨论的东西拿出来，然后我们在班里解决，时间监督员，对表！我给你们10分钟。"

学生们哗哗地翻开书，翻到课文那页，开始读起来。课文很短，大多数人几分钟就读完了，并在小组里讨论起来。每个小组的记录员也开始在电脑上记录。我打开新的一页，准备接收小组讨论的结果。

10分钟到了，我举起手，时间监督员发现了我的手势，全班都安静下来了。

"好，各小组把你们的记录传给我。"

每个小组的记录传到了我的电脑，通过投影，我把记录投在了白板上。一共有四个问题：

第一组：作者是文章里面的"我"吗？假如是，他是不是一个同性恋？理由：文章提到热情的"同志"为他弄到了一瓶荔枝蜜。

第二组："温泉公社"是一个地名还是一个组织？我们有一半人认为是地名，一半人认为是组织。

第三组：我们上一课学的《丑石》，贾平凹用的是咏物抒情的方法来写散文。这堂课，杨朔也是用同样的方法吗？假如是，为什么题目不是《蜜蜂》，而是《荔枝蜜》？

第四组：我们感觉到杨朔好像在写游记，而且好像他很悠闲，有点儿像林语堂的风格。他这篇文章究竟想说什么？好像不仅是赞美蜜蜂。

（摘自《中学语文教学》，2004年第10期）

尽管我们课堂教学的设施设备暂时可能还难以达到美国人的水平，但这位教师的教学设计，特别是对学生"问题"处理的艺术，以及处理中所体现的教学思想和教育理念，有许多值得我们学习与借鉴的地方。

比如，对学生"问题"的研究似乎经由下列几个阶段。

第一，学习者独立预习并产生问题。学生在课上或者课前独立认真地熟悉、学习该任务单元，在此基础上产生自己的"问题"。这是确保形成真问题的基础。这一环节一般人都知道很重要，但落实到位又很难，主要是因为多数情况下学生不自愿，教师也不放心，实行起来见效不是很快，外人也觉得不好看。关键是需要教师更新观念，持之以恒地"养成"，使之渐变为学习者的习惯和素质。这绝非一日之功。

第二，有效的小组学习交流，形成小组共性的问题。这一般应在课上进行。学生带着自己的问题（必须有问题）参与小组活动，初步解决一般性难度特别是比较浅显的知识性问题，然后会商、重组余下的问题，形成本组上传给教师的问题材料。这一环节要防止小组中某些成绩较好或能力较强的学生"中心化"或领袖化的倾向，以避免部分学习中的少数"弱势群体或个体"被逐渐"边缘化"，在问题产生的决策过程中缺少或根本没有话语权。实际上，问题最多的恰恰是他们这个"部落"。最好的办法是，小组成员轮流上岗。

第三，教学者结合教学设计，整合小组问题，形成本课的学习任务。此项工作是在课堂中比较短的时间里完成的，所以对教师的要求相对比较高，要将许多零星的问题归并、汇总为几个或几类关键性的问题，实现量的"缩水"、质的升华；要将自己精心预设的方案调整到比较适合学生的真实学习需求上来。与此同时，迅速思考问题的解决策略和组织学生解决问题等。这些均对教师的学科素养和教学素养提出了相当高的要求。

有了上述的过程设计，就可以比较好地处理问题与目标的关系、教师的"教"与学生的"学"的关系、课堂中"预设"与动态生成的关系，从而将课堂调控至比较理想的状态，确保实现教学的"有效"和高效。

二、阅读教学的方法选择

每每走进中学语文课堂，观课后与语文教师交流，总是感觉到不断有变化：学生开始有"活动"了，课堂变得活跃，尤其是语文教师口头的有关语文课改的"新概念"增多了。每每翻阅语文教学类杂志和语文课堂案例分析类图书，我也强烈地感受着一波又一波生猛"新词"的冲击。

标志着新课改之后学习方式巨变的"自主、合作、探究"，则以或合或分的形式出现,其频率尤高。于此,我一方面惊喜于语文课改这一"变革的力量"给教师的观念和教学带来的影响;另一方面,又在品味着这些移植来为我所用的"中国式口号",对照教师真实的课堂实践之后,想象着这座既矮又尖的冰山下的庞大主体的形态,不禁生发出许多疑惑和思索。

自主的语文课堂在哪里?

自主是语文课堂教学领域使用频率最高的概念,教师说课、专家评课时,言必称"自主","自主"就是改革和进步、规律和科学的标榜。最经常听到的说法是:今天这节课为了充分实现学生自主,自己给了学生多少时间;本课教师非常大胆,45钟的课堂竟然拿出10分钟让学生自主学习。

显然,在一般人眼里,语文课堂中的所谓自主,就是给学生自学的时间。自主学习果真如此?真正意义上的自主学习,应该是什么样的?在现实的语文课堂教学中,有多少真正让学生自主学习的课?

应该说,自主是需要时间来保证的,没有时间保证的自主是不存在的。但自主又绝不仅仅是一个时间概念。自主学习是就学习的内在品质而言的,相对的是"被动学习""机械学习"和"他主的学习"。其特征有:(1)学习者参与确定对自己有意义的学习目标的提出,自己确定学习进度,参与设计评价指标;(2)学习者积极发展各种思考策略和学习策略,在解决问题中学习;(3)学习者在学习过程中有情感投入,学习过程有内在动力支持,能从学习中获得积极的情感体验;(4)学习者能够在学习过程中对认知活动进行自我监控,并作出相应的调适。

稍稍分析,就会发现,自主学习是学生从目标确定、策略选择到热情保持、过程调适等各学习环节都能做到主动自觉的一种学习。从这一意义上讲，即使是"满堂灌"和"大呼隆"的课堂里，仍然可以有学生自主学习的情形。相反，即使你给定了足够的时空，让每一个人独立地学习和思考，如果学生没有这种兴趣和需要，不具备这种品质和习惯，没有养成这样的能力和素养，也依然无法演绎出多少"自主"的实质内容。

语文课改的主要追求就是构建自主学习的语文课堂和自主的语文学习体系。

于是，我们解析出自主学习的几个要件：一是学习时空的保证，这是基本前提；二是学习方法的指导，这是基本条件；三是学习环境氛围、教师点拨帮助的支撑，这是保障；四是学生自我产生问题，自我努力主动解决问题，这是自主学习的核心内容；五是学习能力和习惯的基本形成，这是自主学习追求的理想境界，也是自主学习得以持续发展的基础工程。

以此衡量现实的语文教学，又有多少真正意义上的自主学习的课堂呢？先看几节课。

课例一：《春》的教学（本班上课）。

入课后，教师交代了本课学习的目标要求：理解朱自清这篇散文所揭示的思想情感。接着，学生自主学习，可以看书思考，可以默读，可以同桌小声讨论。10分钟之后，集中研讨问题，主要方式是教师主问，学生随意回答，正误教师也不置可否，待时间差不多之后，教师看学生的回答五花八门、不着边际，便急急"收网"：同学们，刚才大家做了很好的交流，都说得不错，我根据大家的意见，总结如下……

整个课堂教学活动中，几乎没有学生拿出过字词典，也很少见到学生查阅其他资料，更很少见有学生在课文的字里行间、天头地脚写写画画。

教师课后介绍时还说：这节课他充分地尊重学生，是自主学习的课。时间上他确保了，问题的解决是在学生独立学习和合作交流的基础上，用集体合作的智慧和力量来解决的。这不是自主学习又是什么呢？

课例二：《爱莲说》的教学（借班上课）。

上课铃响，教师快步走进课堂，简单地互致问候之后，对大家说："同学们，大家今天想与老师一起共同研究哪一篇文章？"学生众说纷纭，难有统一意见。教师又说："语文课代表，你征求一下大家的意见，做一个决定。"过了一会儿，语文课代表说："老师，我们就学习《爱莲说》吧！"教师说："好啊！"接着，掉过头在黑板上认真地板书课题和教材中明确规定的教学要求。再转身，开始简单地提出本课时学习的基本要求、文言文学习的基本要求，并要学生们拿出有关的字词典，按照所讲的要求自学这篇课文，并进一步明确：有问题，特别是疑难字词要通过自己独立思考、联系上下文努力加以解决，不能解决的可以请教同桌和前后桌的同学。

以下是学生独立学习的时间。

大约10分钟之后，有一个女学生举手提问："'中通外直'怎么解释？"教师不动声色，只是问："这一句中难道你一个字都不懂？"学生说："我真的不会。"教师说："我不相信，比如'中通外直'的'中'，你一定会解释！"学生无奈，勉强说："是不是可以解释为'中间'？"教师说："你说得非常正确！"接着又追问："既然会解释'中'，那'外'还要再问吗？"学生有点害羞："老师，我知道了，应该是对应的'外面'。"教师又问："如此，你会发现文言文的解释并不像想象的那么难，只要善于比较，学会对照，敢于推断，很多问题都可以自己解决，如果有一本《古汉语字典》在手，那就更是如虎添翼。那么，该句中的'直'和'通'你自己也是可以推断出它们的意思的，对不对？"该学生在教师的点拨与鼓励下，问题得到解决，满意地坐下来。

这时候，教师并不罢手，乘势发挥说："大家能发现，实际上，文言文的好多问题是可以通过个人的阅读思考、分析研究解决的。下面请大家继续再读再思，不要轻易提问，经过反复研究无法解决的再提交全班讨论。"

以下又是学生独立和小组学习交流的时间。

在最后集中讨论交流的过程中，这位教师全是通过启发、引导、点拨促成学生自己解决了几乎全部问题，坚决没有越俎代庖回答任何问题。

课例三：《荔枝蜜》的教学（本班上课）。

入课后，由学生先行自学产生问题，再由小组交流汇总，形成各小组的问题，再通过电脑上传给教师；教师快速筛选各组问题，集中为几个代表性的问题，再发送到学生电脑上。接着，在学生继续研究学习的基础上，教师对这些公认的问题进行集中交流研讨。教师在这一过程中主要发挥组织、激发、点拨和引导的作用。

整个教学过程非常简洁、流畅，学生主动活跃，教师的"主导"定位也很清楚，职责完成十分到位。当然，给人的感觉是教师很自在和轻松。

上述三课，你觉得哪一节课最好？你认为哪些课做到学生自主学习了呢？

也许有人认为第一节课热闹好看，学生有不少自主时间，又有很热烈的讨论，师生间"互动""对话"比较正常，课堂教学任务完成得比较顺利。这样的课经常会在大型的研讨会上被评为优秀课。

这节课的主体部分实际是由教师主宰、控制的，从教学内容到教学形式。比如，学生"自主"的时间是教师"恩赐"的，教师用以研讨的问题是"亲自"预设的。也就是说，即使学生在第一个自读的环节中能够产生问题，也没有渠道进入教师的视野。不仅如此，第二个环节中，学生参与问题研讨，由于教师的随意性和辨析评价的缺失，也显得无足轻重、无关紧要。正因如此，学生辛苦思索获得的问题答案，直至此一环节乃至课堂教学结束，也无法确定其正确还是错误。

实际上，这一课堂仅仅具备了学生自主的"外形"，骨子里，教师还是把学生当成自己完成教学任务、实现教学目标、展示才华的道具。所谓才华，更多的是搜索汇总知识的本领和能言善辩的口才而已。

所以，仅有时间的保证，仅有学生独立的学习活动，不是真正意义上的自主学习。

我们再来看第二、第三个案例。学生有充分的学习研讨时间，特别是这种学习是下一阶段研讨交流的前提和基础。即本阶段学习产生的问题就是下一阶段研究的对象，下一阶段的学习是根据前一阶段的问题设计的。不仅如此，在后一阶段针对前一阶段问题所进行的研讨中，仍然主要是学生的进一步学习和讨论。在教师组织策划的活动中，逐步达成对问题的圆满解决。教师始终不会用相对可能比较完美的答案来代替或者拒斥学生稚嫩的理解。整个教学过程可以看出一直是以学生为中心，教师是真正在为学生的活动提供尽量充分的"服务"。

尤其是第三个案例，由于学生的"自主"意识、能力较强，比如他们知道一篇课文重点是必须解决什么问题，所以入课之后很快进入自读状态，围绕重点发现自己的问题。教师梳理出主要的问题之后，也能迅速地独立思考或小组交流，合力促成问题的逐渐解决。

相比之下，学生的独立学习，发现问题，围绕问题来解决，是这两节课的成功之处。这应该是自主学习最本质的要求。

这样的分析之后，我们可以总结出自主学习语文课堂必备的基本条件。

一是时间保障。教师必须再度明晰的是：课堂本应是学生的，学生自主学习的时间不是你"给"的，而是拨乱反正之后教师必须"归还"的。

二是任务清晰。文章阅读应主要把握什么，在教师的指导和告诉下成为学生的自觉：比如文本主要写的是什么？是怎么写的？为什么要这样写而不那样写？通过文本的写作，作者想要表达什么思想情感？学生一旦十分清楚这样的阅读要求和任务，每一次自读就可以不由分说，直奔主题，在奔向"主题"的自读过程中发现问题，并且在正确的阅读方向和轨道上发现有价值和意义的问题。

三是先学后教。为确保足够的自读时间，学生问题的生成以及"教"的活动的针对性和有效性，"先学"应该成为雷打不动的"铁律"。这不仅可能，而且必要。语文学科的母语特征决定了任何一个中学生面对一篇文章都不可能是零起步，实际的情形总是"已知"多于"未知"。运用"已知"和大脑的智慧，并借助各种外力来揣测、推断、体会和领悟"未知"，自是一件可能且极有意义的事。就在这样的过程中，学生的语文能力和素养逐渐训练并培养出来。"后教"则是要进一步解决大家共同困惑的问题，这些问题大多是深度的、宏观的、潜隐的。比如《春》中，作家借"春"的描写和欢呼究竟要表达怎样的情感？《爱莲说》借"莲"之爱要表达怎样的价值观？这些问题有可能多数学生凭一己之力甚至小组之力都难以解决，就需要教师的点拨和指导了。

四是"教"也不教。假如我们认定学生自读"先学"之后应该是"教"的环节，这"教"绝对不能像案例一那样几乎全由教师预设来包场陈词，学生的研究和讨论绝不可以是包装甚至"伪装"的过场。这里的"教"，绝不是直接告诉，而是应该像案例二和案例三那样，通过教师的组织、激发、点拨、引导，几乎全由学生来解决问题。"不教"是一种原则，更是一种艺术。相对于传统的教学，它对教师的学养、教学素养和教学机智都提出更高的要求；"不教"不知比传统的"教"要难出多少倍。

五是方法指导、兴趣激发和热情保持。如案例二那样结合学生问题的思路点拨、方法提示、评价激励，可以及时矫正学生学习行为的不当，保证学生沿着正确的航向稳步前行。

在这几个要件中，最重要的是"先学后教"和"教也不教"。把握了这两点，也就真正落实了学生语文学习的"自主"。

课堂内的小组学习就是"合作"吗？

不少语文教师是从字面上来理解"合作"这样一种学习方式的：两人和两人以上的小组学习似乎就应该是"合作"学习。所以，每每有领导和专家听课，不少语文教师在课堂上常做的"功课"就是千方百计设计"合作学习"的环节，一是为显示课改理念在课堂上的落实，二是迎合听课者对语文课改理解和课堂评价的口味。

对于这样的环节，教师一般都是这样安排的。

从课堂时段来看，大都安排在中期，在边沿性问题"清理"之后。教师说：下面我们集中研讨如下问题……问题出示之后，立即指令分组研讨，并明确研讨时间和要求，一般5分钟左右，各组在研讨结束后推举一个学生在全班学生的交流中发言。

这一环节之后的大组交流也很简单，教师一般根据时间和自己的准备充分程度随意调控整个交流程序。比如由哪组代表交流，究竟由几位代表交流，交流之后怎么点评都由教师掌控。但有一点是一定的，即在下课前几分钟，教师会根据上述各位小组代表的发言"总结陈词"。这总结概括究竟有多少是从学生的回答中得出的，则另当别论。

这种教学安排常常得到听课者的好评，但这样的小组学习是不是"合作学习"呢？我以为不是。

合作学习是指学生在小组或团队中为了完成共同的任务，有明确责任分工的互助性学习。其要素有：(1)积极的相互支持、配合，面对面的促进性互动；(2)积极承担在完成共同任务中的个人责任；(3)对于个人完成的任务进行小组加工；(4)对共同活动成效进行评估，寻求提高有效性的途径。

观察上述案例，你会发现，在教师任务下达、学习小组"建成"后，一般是这样"合作"的：多数学生或是比较"谦虚"，或是懒得动脑筋，总是推举一位语文成绩较好、反映较为敏捷的学生讲出他的理解和答案，大家皆大欢喜，几乎不假思索地占为己有，偶尔也会有学生对此提出不同或者修改意见。这位学生当然也是全班学生交流时的小组代表。

这一学习过程中，"小组"是有的，但仅是一种自然态的组合，未经教师策划以达成最优化组合；任务是有的，但这样大小不一的"问题"式任务是否有必要运用"合作学习"来学习，也没有经过仔细考量；几乎没有分工，不过因为任务的单一和平面，似乎也没法分工；也因为如此，很难说对个人完成的任务进行加工，进而也就很难有相互支持、配合和互动。

如此说来，语文课中这样的小组学习，距离"合作学习"的基本要求就相当远了。

可以这样说，现实的语文课堂上大量的"小组学习"都不应该冠以"合作学习"的头衔,"合作学习"也不适用于一般的语文课堂教学,它比较多地适用于语文综合实践活动、语文专题学习。只有在这样的学习过程中,学习个体才能不仅运用团队的智慧和优势,获得语文新知,锻炼语文能力,而且在交流、对话、互助中,培养合作精神和竞争意识。这是"合作学习"的主旨所在。

我们再来看看"小组学习"。

每一次的小组学习,一般是 10 分钟左右的时间。每一小组 4～6 位学生,真正"学习"或参与"学习"的实际也就一两位学生,而且是小组中比较优秀又能言善辩的,其他学生基本是陪衬和附庸。也就是说,这一教学环节成为个别优秀学生锻炼和展示才华的舞台。不仅如此,由于这一环节的影响,在下一教学环节即全班的交流讨论中,每组中占绝对多数的"其他学生"依然自觉不自觉地被排除在"主流"的学习阵营之外。长期下来,班级学生的语文学习必然呈现严重的两极分化趋势。这显然是一种极不平等的教学环节、学习方式,这样的语文课堂显然也是不公平、不道德的。

这样的"小组学习"如不加以改造,还不如没有的好。如何改造?最简明的办法是,任何一次的小组学习都必须以每位学生对任务的独立承担、对问题的独立学习为前提。至于其他的辅助性措施,这里不再一一列举。

课堂上围绕问题的研讨就是"探究学习"?

"探究"是被曲解和误读最多的一个概念。语文课堂几乎凡是涉及提问和研讨的环节都被冠以"探究"了。

曾经听过一位教师教学《金岳霖先生》一课。他先出示了学习的几点目标要求,分别是从知识与技能、过程与方法、情感态度与价观角度设计的，应该说比较烦琐；接着，要求学生根据目标自主学习；分组研讨、交流；最后，全班交流。交流前，教师说：同学们，前面我们带着问题进行了认真的自主学习、合作学习，下面我们齐心协力，开始"探究学习"，请大家务必开动脑筋，积极思维，通过共同努力和集体智慧，很快完成今天的课堂任务。

教学结束，教师跟我交流，谈他课改之后在教学方式特别是学生学习方式转变方面所做出的努力，非常有成就感。

这引发我的一个思考：既然这样的教学就叫作"探究学习"，那我们的传统语文课堂中，这类的"探究"早已有之，何必要一场兴师动众、声势浩大的课改？新课改还要大力倡导，而且还说要"学习方式转变"，不是多此一举吗？

究竟什么是探究性学习呢？探究性学习，是指从学科领域或社会生活领域中选择和确定研究主题，在教学中创设一种类似学术或科学研究的情境，通过学生自主和独立地发现问题、实验、操作、调查、信息搜集与处理、表达与交流等探索活动，获得知识、技能、情感与态度的发展，特别是探索精神和创新能力发展的学习方式和学习过程。区别于传统的接受学习，探究学习具有问题性、实践性、参与性和开放性。

可以看出，无论是"研究主题确定""探索活动"的开展，还是"实践性""开放性"的体现，探索精神和创新能力在本课的教学中几乎无一体现。而且，真正"探究"起来，也不是一两个课时的课堂教学能够做到的，或者说"探究性学习"主要不是用于相对短暂、简单、平面的文章阅读的课堂教学，而应是与"合作学习"一样适用于语文综合实践活动和语文专题学习中。

这样来说，哪怕是研讨一个词语和句子的深刻含义，你都可以说我们来做一点"探究",但绝对不要自夸和妄称现在实施的是"探究性学习"。

在语文学习方式的转变过程中,我们需要学习和借鉴,需要思考和实践,尤其需要在具体的教学实践中准确并大力地实行"自主、合作、探究"的学习方式,但绝不能用语文式的含混、模糊和朦胧有意或无意地望文生义、断章取义、随便引申、信手移植。否则,这种对语文课改核心理念的逐渐"解构",将有可能在一片"歌舞升平"中,在我们的不知不觉中,葬送了语文课改。

2008 年 5 月

附 录

关于阅读本位的现实思考

一、问题:语文阅读教学现实不容乐观

阅读能力,尤其是现代文阅读能力,越来越成为现代人生存发展的基本条件之一。为此,新旧语文教学大纲都一再将高中语文教学的任务目标明确规定为"培养学生正确理解和运用祖国语言文字的能力"。其中,"理解"一词,道出了阅读能力的内核。但现实中,现代文阅读教学效率低下则是不可争辩的事实。历年高考,现代文阅读项与其他项比,得分率几乎总是最低;今年,我省现代文阅读(包括科技说明文)得分率只有30%左右。

联系前几年一批语文界的老前辈对我国当代语文教学现状提出的严厉批评，我们似乎不难得出这样一个结论：语文教师一向夸夸其谈、津津乐道乃至赖以生存发展的语文教学特别是阅读教学似乎并不尽如人意。因此，对这一问题作一点理性的分析，当有利于中学语文教学的改革和发展。

二、原因：严重忽视阅读本位

我认为，现代文阅读教学效率不高，问题的症结在于，长期以来，我们所说的阅读教学并不是真正意义上的阅读教学，阅读的本体地位似乎从来就没有很好地确立过，科学的阅读训练也没有很好地落实。进一步说，仅仅有概念意义上的阅读教学，是难以适应本质意义上的阅读测试（高考中的主体部分）和现代社会的实实在在的阅读需求的。

追究起来，忽视阅读本位，主要有三个原因。

1.传统的读写观和读写结合教学原则的负面影响。

我国古代语文教学的传统一向是写作本位，读是写的准备和基础，写是读的任务和目的。与之相应，古代的科举，是以"作文（八股文）"一篇定终身；乃至到新中国成立以后的数年中，高考语文还沿用了仅考一篇的模式。可以说，这种以写作为主旨的阅读观一直影响甚至主宰着我国的语文教学。正是基于此，读写结合作为语文教学的一条经验、方法乃至原则而为众多的教师所称赏与认同，效仿并实施便顺理成章。我认为，读写结合只能是写作教学的一种方法，那种以写作为目的、设计具有一定难度和技巧的阅读作为辅助手段的写作课，当然值得提倡和推广。相反，以之作为阅读教学的原则，对语文教学有其不容回避的负面影响。

实际上，凡读写结合的课，总是以阅读教学主要是文章写作技巧的分析总结为基础、手段，借助过渡、嫁接、迁移，实现作文教学的目的。进一步说，仅仅有概念意义上的阅读教学，是难以适应本质意义上的阅读测试（高考中的主体部分）和现代社会的实实在在的阅读需求的！

2. 教材对阅读教学的严重制约。

与传统的语文教学思想相适应，长期以来，我国统编教材一直没能鲜明地确立阅读教学的主体地位。

首先，从教材的编写体系看，单元综合，以古今文学精品为教学对象，难以实现阅读教学的目标。从选文的内容看，一是突出作品的思想性，经世济用，政论居多；二是强调文学性，以为文学有着不可估量的熏陶、感染和教化作用，因而小说、散文、爱国诗词较多。与编选者的意图相一致，长期以来，语文教学在发挥其德育渗透功能方面功不可没，但这些只是阅读教学功能的一个方面。从现代阅读观来看，所谓阅读就是迅速准确地从大量的书面材料中获取信息，并对获取的信息加以处理。信息时代，高科技社会所要求具备的更多的是对那种实用价值高、生命力强的科技说明文的阅读能力。这一内容在高中语文教材中没有得到很好的体现。可以说，在强调阅读教材的思想性、文学性的同时，突出现代性、科技性才更有利于语文教学"经世济用"现实功能的发挥。

再从与教材配套使用的教参看，教参规定了每篇课文的教学目标和教学过程。教学目标的主体总是"坐落"在写作层面，而教学过程的设计也基本都是在实现读写结合的原则。教参对选文的分析，恰恰是从文章学、写作学方面条分缕析，很少甚至几乎没有从阅读学方面设计帮助教师把握教材、确定阅读教学方案的内容。教材、教参包括教参中对目标的定向、教法的设计，都从根本上规定了语文教学的走向，严重制约了阅读教学的发展。

3.陈旧的语文教学观是阅读教学停滞不前的思想根源。

近年来，语文教改浪涌潮翻，但阅读教学效率依然难以提高，我认为还有一个很重要的方面就是执教者的思想观念问题。在某些教师那里，传统的语文教学思想，驾轻就熟的教学方法，固定不变的教学程式，如介绍作家、说明背景、划分段落层次、概括段意层意、揭示主题思想、分析写作方法，都还有一定的市场。

先说高中语文教学，这几年虽说教材没有大的变化，但随着国家教委考试中心《普通高等学校招生全国统一考试说明》（以下简称《考纲》）的颁发，很多有识之士在他们的教学和复习指导中，按照"现代文阅读"部分规定的能力点，改革创新，踏实教学，旧教材的老瓶老酒翻出了新味新韵，学生的现代文阅读水平明显提高，经受住高考的检验；也有一部分人，按部就班，无视《考纲》的存在，自然只能依旧在低效阅读的怪圈中徘徊。

江苏省特级教师孙芳铭先生在《试谈科技说明文的阅读训练》一文中指出，科技说明文的"教学训练不甚得法，依然只是说明的对象、说明的顺序、说明的方法这一套，显然不能把阅读能力提到一个较高的层次"。就是说，即使有了《考纲》，有了相当的教材，阅读教学本位依然难以确立。

三、对策：迅速确立阅读本位的思想

如今，建立阅读本位的语文教学观已成大势所趋。新大纲教学原则部分一改过去"读写结合"的说法，特别强调"阅读能力、写作能力和听说能力全面训练，几种能力的训练要注意各自特点，协调进行共同提高"。终于从原则的高度确立了阅读能力训练即阅读教学的本体地位。与之同时，一套由人教社周正逵先生主编的"面向21世纪，全面提高学生语文素质"、阅读和写作说话分编的新教材《高中语文实验课本》在广大语文教师的"千呼万唤"中终于出来。但是，新大纲要得到正确的贯彻与执行，实验教材要正确实施并获得理想的效果，最关键的是教师。适应这样的天时地利，是摆在广大高中语文教师面前最为迫切的任务。在目前，至关紧要的是做好下列两项工作。

（一）学习"两纲"，转变观念，掌握阅读教学的一般规律

我认为，依据新大纲中阅读能力训练的内容，参照《考纲》中"现代文阅读"的要点，分析、联系、把握关键，就可摸索出现代文阅读教学的一般性规律。这需要中学语文教师静下心来，认真学习，仔细揣摩，反复推敲。"两纲"中的要求与过去传统的观念、习惯的提法，究竟有什么异同？阅读本位与写作本位这两种语文教学思想有什么本质的差别？把高中语文阅读能力分解开来，究竟包含哪些内容？不搞清这些问题，也就无法掌握阅读教学的一般规律，故而也就无法谈教学思想的转变。

综合起来看，现代语文的阅读能力主要包括下列几种。

1. 速读能力。速读能力是其他阅读能力的重要前提。"读"，既指有声，如朗读、诵读；也指无声，如跳读、浏览。前者着重于信息的传递和潜移默化地训练表达能力；后者则重在接受信息、把握要点。速读能力一般指的是后者。随着现代社会生活节奏的加快，信息传播愈加密集，无声阅读，也就是一般意义的速读能力越来越重要。"21世纪所要求的阅读能力，一是会吸收信息，二是要吸收得多、快。"这与传统的阅读"引导学生在文章作法、表达方式、遣词造句上下功夫，又只求精不求快，篇篇文章都条分缕析、细嚼慢咽"，有着本质性区别。

2. 记忆能力。记忆能力是阅读能力乃至语文能力的基础。语文阅

读教学中的记忆能力主要是指对古今名篇的背诵和对有关文化文学知识的存储能力。尽管现代科技日新月异，很多原先需要人脑记取的信息都可以借助微机处理技术来方便地储存、调取，但就语文综合能力、语文素质形成的规律而言，熏陶渐染、潜移默化仍是其显著的特点。可以这么说，没有一定量语言词句的积累，没有一定量诗词文的"储蓄"，要想学好汉语，准确地理解并顺利地使用汉语言文字，是不可想象的。只有达到一定量的积累（这里主要是记忆），才能产生质的飞跃（这里主要指语文能力的形成）。

3. 分析能力。分析能力就是把阅读对象的整体分为局部，把其中比较抽象的内容加以具体化的能力。它主要包括对文章层次思路的分析、内容要点的分析和恰当的阐释。分析能力是阅读能力的"枢纽工程"。速读、记忆的内容必须通过"分析"才能实现其价值，分析又是概括、筛选和评价的基础工程。所以，不具备良好、过硬的分析能力，阅读能力的提高就无从谈起。

4. 概括能力。概括就是归纳和综合，它是把分析过的对象或现象的各个部分、各种属性联合成统一的整体。阅读中的概括能力是指用较为精要的语言提炼、综合进而拟定阅读理解对象的内容的能力。这是阅读能力的一种次高级形态，是阅读过程中阅读目的实现的初级阶段。

5. 筛选能力。筛选是对阅读对象按照一定的需要进行择取提炼，这是一般性阅读的根本目的。因此，筛选能力是阅读能力的核心，是它的高级形态，狭义地说，阅读能力就是筛选能力。这是对现代人的基本要求。

6. 评价能力。评价实际上包括品味、质疑、鉴别、赏析和评判等多种内容。评价能力就是对阅读对象高低深浅、好坏优劣的判断能力，这是阅读能力的最高级形态。这种能力也是阅读能力与写作能力的结合。因此，培养这种能力特别有利于提高学生的整体语文素养。加之这种能力较多地带有个性化色彩，自然也包含创造精神的因子，尤为重要。

当然，还有其他许多能力都可以归入阅读能力，但或远或近都可划入这六种能力。综合起来，这六种能力的关系可用如下图式表示。其中，速读能力、记忆能力是基础性能力；分析能力是中介性能力；概括能力、筛选能力和评价能力次第渐升，合为阅读的终端性能力。

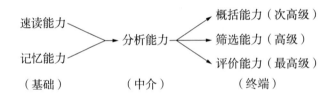

（二）运用科学的阅读教学策略

明确了阅读能力的一般规律，就为我们设计阅读教学过程和阅读训练策略奠定了基础。由于分析能力是阅读能力的核心，下面围绕分析能力的问题试谈两点。

1. 克隆技术和语段阅读。

马克思主义哲学认为，整体与部分的辩证关系是整体与部分互相包含、互相转化。"部分包含整体的基本因素，部分是一个体而微的整体。"宇宙全息理论认为，任何一粒微尘都包含宇宙的全部信息，据此，有人从生物体内任取一活性细胞，通过一系列的科学移植、培育等手段，可复制出原生物体本身，这就是克隆技术。英国科学家创造的克隆羊已使这一"神话"成为现实。这带给我们阅读教学有益的启示：一篇完整的文章是由众多的"细胞"（部分）组成的，每一个"细胞"（部分）里实际都包含着文章整体的信息。换言之，文章重点语段常常是文章整体的缩影。既如此，摆脱长期以来过分冗长的选文对现代文阅读教学的制约束缚，大刀阔斧地抓住重点语段，在教学中投入主要精力，进行扎实科学而细微有效的训练，当会较快地提高现代文阅读教学的效率。

前几年，章熊先生为此发表过许多精辟的见解并大力提倡。但从教学的实情看，在文章的外围转圈圈，做无效劳动的种种现象，比如蜻蜓点水、浮光掠影式的教学，虽抓了重点语段却不能从训练理解语言能力的角度进行洞幽析微的工作，仍未有较明显的扭转。外语教材及其教学的成功早已为语文教学提供了有力的证明。抓语段以及语段中的语言因素的分析，抓理解语言的能力要素，变面面俱到为重点突破，提高现代文阅读教学效率的期盼就可以成为现实。

2. 知性分析和阅读教学观。

我国传统的阅读教学原则是：由部分到整体，由分析到综合。20世纪80年代末兴起的系统阅读教学观则根据"事物的整体大于其部分之和""认识事物必须由整体到部分，由综合到分析"，强调阅读教学必须遵循"综合—分析—综合"的原则[1]。

综观新中国成立以来特别是90年代以来两种阅读观指导下的现代文教学训练，又总是不尽如人意。要么热衷于作家作品介绍、时代背景阐述，在文本外围打转；要么迷恋于段落切分、主题概括、技巧评价，在写作上兜圈子。这种空洞无物的训练方式为什么总能大行其市，我认为与阅读教学原则本身有关系。实际上，从认识论的角度看，传统阅读教学原则与系统阅读教学原则，两者只有名词概念的差

---

[1] 姚健：《试论"由综合到分析"》，《中学语文教学》，1989年第5期。

异,并没有本质意义的不同。因为系统阅读观中的第一个环节的"综合"实际上不过是认识过程中的第一个阶段即"感性认识"阶段,它基本上等于感性认识的"知觉"阶段,而这正等同于传统阅读教学原则中的"分析"阶段;两个原则相同的最后阶段的"综合",才是认识的第二阶段即理性认识阶段,这才是本质意义上的"综合"。这两种阅读观均可以用认识论的基本原理来笼而统之,即从感性认识到理性认识。

事实上,人们的认识能力和认识过程应分为感性、知性、理性三块,"感性""理性"都只是形成知识的必要条件,都不提供新知识。因此,要改变长期以来语文阅读教学走马观花式的"悬浮"状态,必须在阅读训练中引进"知性分析"的观点。黑格尔认为,在具体科学的研究中,"知性"是最重要的。作者举例说:"某人试图认识西瓜。假如以前从未见过西瓜,开始时他只是反复观察、触摸,并根据以往的知识猜测西瓜的性质,这时候他的认识属于感性。下一步,他切开西瓜,亲自尝一尝,测量甜度,拿不同品种的西瓜对比研究,甚至琢磨着培育三倍体品种、杂交品种等,这时他的认识属于知性。再进一步,此人作适当的总结,在思维中将切碎的、被分析手段肢解的西瓜整合起来,重新获得关于西瓜的一个整体形象,这便是理性认识。"现代文阅读教学自然也是一种如认识西瓜一般的"具体科学的研究",现实教学中最缺的也正是"切开"阅读对象,"品尝""测量""琢磨"等创造性微观透析的工作。

这一症结的根治依靠新旧阅读教学原则内容的改造或二者之间的争战,似乎都有难以解决的困难。矫枉必然过正,引入"知性分析"的观点,选择精彩的语段,强化对语言因素的揣摩研究,从而确立"感性浏览—知性分析—理性综合"的阅读教学新原则。增加"知性分析"这样一个中心环节,也许减缓了阅读教学的进度,但唯此,才接近了阅读教学的根本,产生出货真价实的阅读教学,有望借此培养出学生真正的阅读能力。

第八讲
语文课堂：从"无我"走向"有我"

一、当下课堂仍然存在的问题

可能是因为遇上改革的"转型期""攻坚期"，最近20余年的基础教育是在一种复杂的形态中曲折前行的。素质教育的"高歌"，教育应试的"坚挺"，仿佛两条道上的跑车，却也相恋甚恰；课程改革的"狂欢"还余音未歇，"核心素养"的新歌又已开始引吭高唱。问题是，现实的教育教学的一些领域，特别是关键领域和环节，似乎并未随着这些"高歌"和"新歌"发生实实在在的重大变化。比如课堂教学，作为各类教育教学改革的主阵地，教师施展教育教学才能的主战场，学生学习发展的主平台，好像不仅没有多少进步，而且似乎在很多方面产生出许多问题。其中有一点众所周知，那就是，在不少学校，课堂令教师和学生受欢迎和喜爱的程度不是在逐渐提高，而是在逐渐下降。

尤为吊诡的是，与数年前课改时迥异，课堂的如此现状却被一线教师、教科研人员和高等院校专事课程与教学研究的专业人员忽视或者严重忽视。

这里是有道理可说的。

课改之初的世纪之交,延续20世纪课堂的师生关系之争,学生"自主"的讨论很是热闹了一阵。随着网络的进步和信息化教育的越发成熟,不仅自主,连"学习者中心"都已经成为一线教师的共识,尽管在教学中还基本未有落实。应该说,师生关系确实是课堂教学中至为重要的问题,"满堂灌""一言堂""一元化",与现代教育、现代教育理念和学生知能发展规律严重背离。这一讨论以及后来的定论可以说是课堂教学领域最为重要的进步。

接着,就是学生的自主学习,即应该怎样"学"的问题。仅仅是单兵作战的"自主",苦思冥想的"独立",还可不可以有其他的设计?这就自然引发关于"小组合作学习"的研究及风行。这样的"风行",其势头至今仍然不减,"市场繁荣",在很多小学和初中据此形成的教学成果,据说不少。

与上述研讨同步,或者说,在如上研讨的基础上,再接着就是围绕教学程序、过程,即一般性课堂教学原则和课堂教学模式的个性化"建构",此起彼伏,层出不穷。仅仅依据"先学后教"和"翻转课堂"等原则与思路,全国各地创建的"模式"真可以车载斗量。记得首届江苏省基础教育教学成果奖评选,各地经过认真筛选而参加省级决评的材料中,以课堂教学模式为主体内容的占比极高,足以见教育教学领域、各路专家学者和教育行政官员对此关注的程度之深。

当然,在这一过程中,也有关注课堂教学目标问题的。只是后来有专家片面理解课改文献,曲解甚或歪解各学科课程标准,或者说是为故意对抗传统所言的"知能"和"情意"目标体系,将原本为课程设计的"三维目标"硬生生地拽到课堂中来。从此,"三维目标"便如同课堂教学和教师的"紧箍咒"一般,固化了教师,锁死了课堂,直到今天依然贻害无穷。

试想，课堂的主要人物关系已然清楚，课堂的学习方式也很明确，课堂的教学程序大体确定，课堂教学该研究解决的问题都已研究解决完了，它还有什么问题呢？而且，按理来说，课堂不就该从此"天下太平"，就等着学生在课堂中活蹦乱跳地学习，等着收获"三维"控制下的"自主、合作、探究"学习的丰硕成果了，怎么还会有问题呢？这不是非常吊诡、十分荒唐、不可思议的事吗？

二、当代课堂的四大典型问题

课堂问题的存在是一定的，甚至是永恒的，而且不以人的意志为转移。课堂教学存在一天，课堂问题就存在一天，只有存在的方式、大小和性质不同罢了。为什么会如此？我们来看当下课堂教学的一些典型特点。

第一，目标设定："三维"将原本动态的教学格式化。

以为学生某一方面的情感、意志、思维、态度、思想和价值观就好像知识点、能力点一样，是可以通过一两节课就能速成"立得"，三维目标可以说是课改之后不少专家逢课必称的"大宝"。我曾经从学理层面辨析了这一设计的理论和理想化色彩，并指出其对于课改初衷的严重背离和篡改，因为"三维目标"实则是课程设计的目标，而不是任意一门课程或一节课的目标。问题是这一被庸俗和低俗理解的"矮化"了的目标系统，至今还对大量的课堂教学为害甚深。试想，不分文理科，不论什么课堂，也不管是什么水准的教师，每每设计一节课的教学，首先把三个维度念在心里，挂在嘴上，写在文案中，他还有多少心思专注于该文章与知识点的阅读、理解、深度揣摩呢？而且，要求任意一门课的知识点都能与"情感态度与价值观"相勾连，还得在教学中以三分之一左右的篇幅加以实现和宣示，这有多少教师特别是自然科学学科的教师能做到？问题是，"专家"们在书斋里设想的美景，遭遇现实教学中的"困境"，此时此刻，却没有什么人用合适的方式表示疑惑、忧虑，见得最多的还是一种"中国式应对"，那就是悄无声息地"敷衍"应对，公开场合或者文章中依然是应和与称颂。这让人甚为疑惑和惊诧。

第二，教学过程："模式"的泛滥将原本丰富的教学程式化。

最近这几年，关于课堂教学"模式"的研究十分盛行。在江苏省和国家教育成果奖的评审中，就我所知，其中关于"模式""过程""程式"的材料为数甚多。在当下之中国，以"先学后教"为原则的教学模式，以多达数十种的策略和方式，在各地雷厉风行地推广和执行。我对模式没有任何异议，好的模式的价值意义十分重大，对于青年教师学习其快速赶超的意义更是了得。但是，一所学校中的所有学科都毫无例外地用一种模式和步骤实施教学时，我总觉得极有可能在有些学科那儿会"画虎不成反类犬"。即使同一门学科，不同班级的不同教师拿着几乎完全一致的教学设计走进班级上课，并且很认真地教学时，我总觉得不知教师面对个性各异的本班学生，学生嗷嗷待哺的神态，以及不完全一致的学习需求，何以开言，何以设问，何以板书？这样的故事堂而皇之地出现在孔子倡行"因材施教"2600年之后的现代中国，而且要实施"现代教育"和"素质教育"的改革时期，我真的不知道教学者情何以堪。

第三，教学方式："视频""小组"将原本厚重的教学演示化。

从教学方式方法而言，课堂几乎被两样东西全覆盖。一是幻灯片，二是视频。对大量课堂教学作一粗略统计，这两样东西占课堂有效时间的比例大都在 1/2 以上。在这样的展示和演示过程中,也还是伴随着教学者一定的讲说和解读。不仅如此,在一般的课堂情境中,教学者也还有一部分脱开"网络"和"幻灯片"的"清唱"时刻,这一般占据总课时量的 1/4。除此之外,还有大约 1/4 的时间学生是在"小组合作"中度过的。假如这样的分析基本符合当下课堂教学的现实,就有一个问题需要深思:课堂中学生真正自主的时空在哪儿?跟着"视频"和"幻灯片"的走马观花,在小组的所谓"合作"中充当"看客"或者"滥竽充数",如此这般,究竟在这样所谓的"课堂教学"中,每一个学生的"学习"有没有真实发生?学生的思维和思想有没有真正"活动"?这样的学习过程对于学生的学业和个性成长有多少价值与意义?如此天长日久,演化出来的虚假学习、两极分化、人格变异,责任在谁?有谁愿意来买单?

第四,价值追求:"分数""应试"将原本极富情趣和美感的教学功利化。

即便如此,我们还是高调"扬言",正在致力于追求课堂的"有效""优效"甚或"高效"。如果任其发展和夸张,差不多就只有"极效"和"云效"可以形容了。无论是什么样的描述,都无法回避其极端"功利"甚或"势利"的指向。因为效率、效益这样的经济学名词只能衡量和考核有形事物的数量、质量,就教学而言,只能是关于知识或能力点的掌握多少、速度快慢、巩固深浅。如此说来,学生的情绪变化、情感波动、态度稳定、兴趣保持、好奇心增长以及涉及理念和思想成长的这类指标或元素又通过什么来关注、观察和评定呢?

当然,无法否认,我们也更多地看到,学生包括高端人才的诚信问题、胸襟问题、境界和格局问题,真的成了问题,"高智商的精致的利己主义"者的故事也不绝于耳。虽然多年来主流媒体的声音是弘扬传统文化,希望借助传统文化的"洪荒之力"建构国人精神的大厦,但问题是,应试不绝,这样宏大理想的实现,终将面临巨大的阻力。

三、课堂问题成因

这许多的教学问题主要是课堂问题,其形成与近 20 年愈演愈烈的应试分不开。20 世纪末叶,改革之风劲吹,教育领域难以独善其身,不少专家和新锐有感于学校教育的安步当车、教学绩效的"少慢差费",特别是与当年经济腾飞的"步履"极为不对称,"效率"问题被提上教育教学改革的议事日程。想当初,我们这些青年一时都成了改革的促进派,围绕教学特别是课堂,全身心动员、思考、探索、践行,多年来在课堂教学领域做出很多积极有效的探索。到了世纪之交,课改热浪滚滚涌而来,其纲领性文献中,虽然有许多宏阔的理念和思想,甚至还有许多超越其时广大教师的教育认知策略、举措和方法,但有一点是被最为反复强调的,那就是"课堂是课程改革的主阵地",课改的核心是向课堂教学要效益、要质量。

在这样的阵阵风潮中,我们尽管也知道并强调,教育是农业,学生的成长如同庄稼的生长,但一旦到了具体的教学操作层面,遭遇教育行政和地方党政对于教育的超越常规常格的指令性要求,不由分说地,学生发展的显性指标、元素,如分数、升学率、班级分数比、校际升学率比等,逐渐成为评价学生、班级、学校、教师、校长的主要指标。直到今天,还很少有听说什么样的区域、学校开展过学生人文素养与道德水准的比试。就是像体育、艺术以及其他生活技能的比赛也都是调味品、润滑剂、副业一类的东西,偶尔为之,随意兴废,这要看遇上什么样的校长、教育行政官员了。实际上,虽然各级政府及教育行政部门的要求已十分明确,但还不是照样有一批学校"我自岿然不动"?

回头看这段30余年的教育改革发展史,我总觉得,这样一种以教育质量和效益作为价值取向的改革,尽管有许多对教育传统理念和教学策略的改善与改良,但一味追逐效益和速度,追逐显性的业绩和看得见的变化,导致冰山下精神之根的培植、道德之基的夯筑、人格之源的疏浚和丰富,被人为、有意无意地忽略和抛弃。于是,失神错步的"灵魂",只能遥望雾霾里快进的"知能"而无可奈何。以一味的、有形的知能提升为代价,让为数众多的未来人有可能变成魂不附体的精神"侏儒",这样的教育结果或者说后果,与教育的初心,还有多少关联?

四、课堂问题的解决对策

话题很沉重,但还是要回到课堂的问题上。针对上述问题和成因,"有我""无我"之境是清代国学大家王国维先生关于古代诗歌创作和评论的重要理论。他认为,最高的诗歌境界是"无我"。《人间词话》里说,"有我之境",是"以我观物,故物皆著我之色彩";"无我之境",是"以物观物,故不知何者为我,何者为物"。"有我""无我"主要是从主体的情感状态表达的显隐来区分的,"有我之境"中主体的情感状态调动得较为充分,表达得也比较情绪化,具有丰富的情感色彩和渲染意味;"无我之境"则主体的情感表达得较为深曲,心态较为平和。显然,诚如王先生所言,"无我之境"的诗歌意象营构的诗境,的确给人以悠远、高森、深厚、丰满的想象,令人如听罢仙乐,仍能余音绕梁,三日不绝。这里借用"无我",所言并非王先生之谓"无我之境",

而是直言现实课堂完完全全"缺失自我"的教学形态。尽管教师在课堂上"自说自话",滔滔不绝,但是仔细揣摩,很多时候很难找几句教师自己的话,自己的真话,或者真正自己的话,味同嚼蜡,老生常谈,随处随便都可以查到。教师身在课堂,口在教参;学生在教师身边,却总有恍惚如入无"师"之境。

这种"局面"的改变,就是要课堂上教师"自我"的回归,建构血肉丰满、情趣盎然的"有我"之境。这在当下,在学生和教师自身对课堂普遍产生厌倦的教学生态和应试背景下,显得异常重要和迫切。

具体来说,可以从如下方面做起。

第一,课堂教学中应该"有我"的学习体验和感受。

教学者应该首先是"学习者"。即便教材对教师来说已是"旧知",教师"备课"时也应该认真学习、研究。也许这样的学习更多地表现为熟悉、温习和复习,但由于与时俱进、逐渐演变的教学理念、思潮和教学目标要求,所以会常学常新,更何况"旧知"本身也从来不是静止不变的。任何科学领域、学科层面,随着人类认识水平的不断提升、技术和工具的不断创新与发展,其局部知识的变化几乎每时每刻都在发生。于是,教学者每每在教学之前的"准备"阶段,重温"旧知",涉猎与"旧知"相关的领域、层面和内容,关注其哪怕一点点微小的变化和进步,就显得十分重要和必要。不仅如此,这样的学习过程自然会带来无限丰富的阅读体验和学习感受,梳理和概括这样的体验与感受,并将其有机穿插和融入自己的教学过程,这对教学过程中学生学习的示范和引领价值是显而易见的。

第二,课堂教学中应该"有我"的学习收获和经验。

一位教师在教学鲁迅先生的《孔乙己》时,开篇即说:"同学们,昨晚备课,再读鲁迅先生的著名小说《孔乙己》,不知为何,对几个问题原本的答案突然产生了疑惑,甚至搞不大懂了。比如说,大家都认为,小说通过'孔乙己'这一艺术形象揭露和批判了封建科举制度的罪恶,但是鲁迅先生也参加过科举考试,科举考试也为大量人才的脱颖而出提供了通道,直到今天,我们的高考制度还是一项优秀人才的选拔制度。那鲁迅先生真的会在这篇小说中,揭露和批判封建科举制度的罪恶吗?今天我们带着这样的疑惑,认真揣摩小说,希望大家通过潜心阅读和思考,有所发现,能走进鲁迅先生创作本小说时最为真实的内心。"这一表述,直接告知教学者自己的阅读收获、学习经验,实际是重读中产生的疑惑和问题,一下子感动和感染了学生。学生的思路被打开,思维被激活,课堂教学氛围自会活跃,学习效果自会十分优异。

第三,课堂教学中应该"有我"的学习心理和情感。

简单地将"情感、态度、价值观"作为任意一节课的教学必要目标,是教育理想家的理想设计和安排,在具体的教学实践中一再被证明是"虚幻"和"空洞"的假想。但是教师在备课时,遭遇问题和困难,寻找路径,克服和战胜困难,获得问题的解决,这实际是一个十分复杂的情感体验过程、心理活动过程。困惑时的烦恼和焦虑,发现时的期盼和兴奋,探求时的徘徊和谨慎,成功时的激动和喜悦,几乎伴随课前准备活动的始终。试想,课堂教学中,教师适时、有度、相机地穿插,或作为方法性的指引,或作为点拨时的提醒,也或作为解惑时的激励,其意义和价值是莫大的。

第四,课堂教学中应该"有我"的教学个性和风格。

十余年来,伴随着应试的强化和固化,效率追求成为从教育行政到教师个体的"共识",由此衍生出来的指向"效率""高效"的研修制度、教研方式和教学模式逐渐"趋同"。比如,在广大中小学几乎众所周知、众所奉行的"讲学稿""导学案"和其他类似名称的教学模式,尽管的确在不同区域、不同层次的学校教学质量得以大面积提升,在对青年教师教学能力提高产生积极甚至显著的影响,但是某些学校、年级、学科教学同步一体、一成不变的操作带来的负面影响,特别是对教师教学个性和特长的伤害,对于因材施教原则的违逆,对于学生特长和个性的漠视,也是显而易见的。了解、总结和梳理自己的教学个性与特色,在教学实践中有意培养和不断发展这样的个性特色,在课堂教学中践行、彰显自己的特色,并努力让学生感知这样的个性,从而使得每一课堂个性卓著、特色鲜明,自能生发学生对课堂的热爱。这就不仅仅是课堂效率所能观照的领域了。

第五,课堂教学中应该"有我"的教育理解和主张。

课堂是教师教育教学、实现教育理想的主阵地,也应该是教师教育思想的展示场。教师的优秀和卓越,表面来看在于其教学个性、特色,但其背后的支撑,一定是教学思想和教育理解。当"立德树人"成为国家层面的教育共识,有人恨不能一夜间就将学校课堂立即演变为"道德说教"的战场,于是,很多专家和教师蜂拥在课堂中设计"说教"的目标;当"课堂效率"成为理念和口号,"知识点"和分数立马成为学校管理者尤其是教学管理的头等大事,所有控制教学质量和分数的现代工具与战术悉数"上场"。如今,"传统文化"又因高层领导的倡导,逐渐成为教育热点。于是,各类"传统文化"样式进校园,已经呈现如火如荼之势头。这些教育思想和观点、思路和策略,本身的正确性和科学性都没有任何争议,问题是,如何全面地理解和准确地实施,需要反复斟酌,因地因时而制宜。比如,德育不是简单的"说教",而是"身教";教学不仅仅只有"智育"的质量,更要关注和重视德育的质量;进校园的不应该轻率地瞄着"传统文化"的样式,而应是传统的精髓和文化的灵魂。在这样的对于在上者思想和教育理念的贯彻落实过程中,校长和教师个人的理解与主张,直接决定着学校教育管理的方略和教学思路。就教师而言,面对不断变革和调整的教育思想、改革方针、学科教学理念,要结合自己的教学实践,融入认真思考,形成自己的思想和主张。以此为基础,才可以生成个性,养出风格,成就令学生喜欢的卓越课堂。

这一切的一切,都要求教师成为永远的学习者、思考者、研究者和探索者。教师自身素质尤其是综合素质的提升,是"有我"课堂实现的保障。

附 录

从"我有"做起,成就"高品质"的语文教师
——第六届"中语杯"全国中青年教师课堂教学比赛(初中组)观后

应试时代的语文教学可以说是左奔右突、横冲直撞,语文教师也是步履艰难、心力交瘁。第八次"课改"之后,高考制度和高中课程教学改革迅速推进,培养中国学生的核心素养成为当下乃至未来基础教育改革发展的主旋律。其中,通过学校课程教学尤其是语文课程教学,继承并发扬光大传统文化、民族精神,培养中国学生的中国元素和品格,成为当前教育教学十分重要的音符。第六届"中语杯"全国中青年教师课堂教学比赛正是在顺应这一背景,确立"传统文化与语文教育的融合"这一主题,以古代诗文教学为活动载体,通过传统的"优秀课评比"以及研究、交流等方式,探索、分析、切磋、比较,力

争有所发现，发现优秀，发现经验；力争有所突破，突破定式，突破困难；力争梳理、总结出未来传统文化与语文教育"融合"，以及语文教育在新的时代背景下改革发展的方向和思路、策略和办法。

就此而言，我以为本次活动的初衷和追求是基本实现了的。观察古诗文教学的课堂，研究古诗文教学，我始终关注如下关键词：语文课，文言文阅读课，传统文化与语言学习融合的阅读课，融合优秀的阅读课，语文功底、传统文化功底深厚的语文教师。假如这可以作为本次大赛活动中评优课的基本标准，我觉得本次活动涌现出很多好课、很多好教师，从比例看，是多年来最好的"收成"，简直可谓"大丰收"。

从本次活动的主题看，对于传统文化与语文教学、文言文教学关系的理解在深入、在强化，广大语文教师对此有意识，有共识，有追求，有探索，有较好甚至成熟的践行。

从课堂看，对于语文教育传统既能很好地传承与坚守，也不乏一些突破与创造，尤其是不少语文教师并没有被多年来的所谓"改革"迷惑、裹挟，直至失掉方向，乱了方寸。比如，一味强调和强化所谓的"三维""小组合作"等漠视学生主体和自主、拒斥学习个性和理性、助长概念化和形式主义泛滥成灾的东西，而忘了还有"独立""自由""静思""畅想"等美好的教学和学习境界。这样的"矫正"，这样的行为重大"改变"深刻表明，公道自在人心。所谓专家的专横、强势和"霸权"，也许可以在现象、表面、可控的无底线传媒上，得计于一时，但要想"可持续"，赢得"心悦诚服"，还得看事实、结论和规律。这就如哲人所言：你也许可以在一个时段蒙骗所有人，也可以永远蒙骗部分的人，但是永远不能在所有的时间里蒙骗所有的人。

从教师的表现看，语文教师的总体素质在上升，在持续上升。云南申治云《狼》的教学、广东朱焘《行路难》的教学，总是在调动、激发，总是努力让学生活跃起来，总希望学生在课堂里思考、想象，终于有充分的思维发展。功夫不负有心人。在朱焘老师的课上，在这样一个大赛的现场，有一个学生——而且是初一的男孩，居然勇敢质疑，提出问题，让大家大开眼界。这一切的一切，都源自厚重学养基础之上的富于灵性和智慧的教学艺术与教学素养。不仅如此，巾帼不让须眉，安徽胡焰《湖心亭看雪》的教学、北京张媛《蒹葭》的教学、浙江毛然馨《富贵不能淫》的教学，旁征博引，四通八达，左右逢源，表现出丰富厚重的学养。14节课，两位男教师，三位女教师，才子才女，竞展语文教育才艺，各领传统文化"风骚"，十分难得。

但问题也十分明显。

一是对于传统文化与语文教学的融合有追求，但还是有一些教师片面理解，机械实行，课堂中思想化、政治化和"文化"化的倾向十分明显，把语文课变成思想、精神和文化的演说、告知与灌输。《愚公移山》《王冕读书》等的教学问题要稍显严重一些。这一问题实际是一个老问题，一些教师一直没有好好分辨语文课程与道德课程、文化课程的关系，语文课、古诗文课与班会课、政治课的关系。

二是文本理解的粗疏、含混。《诫子书》究竟论的是什么？论何为"君子"吗？还是要自己的儿子警惕和杜绝淫慢与险躁、不静不俭？其文本的关键在于一个"诫"字，一个做父亲的如何告诫自己的儿子？"诫"他成君子，这似乎常理上说不通；不能不做君子，这也有点别扭。所谓"告诫""诫勉"，无一例外，都是针对被"诫"对象的问题和缺陷，警告其到此为止，下不为例。可见，就本文而言，诸葛亮尽管开篇即言"夫君子之行，静以修身，俭以养德"，其重心不在"君子"，而在"君子之行"的关键元素——"静"和"俭"；所以言此，大概就因为其子诸葛瞻在两点上出了问题甚或是大问题，下文才有"韬慢则不能励精，险躁则不能冶性"之言，才有"年与时驰，意与日去，遂成枯落，多不接世。悲守穷庐，将复何及？"的反面危害的申论。说白了，就本文而言，"君子"不过是诸葛亮拿来说事的一个由头。之所以教师会在"君子之行"上做文章，还是未能深耕苦耘文本，细审详察文本及其相关重要元素之故。仅仅照搬教材、教学指导用书和教辅用书的说辞，不假思索，人云亦云，永远"无我"，必致语文课堂的平铺直叙、索然寡味。

三是对学生既有认知结构状态的漠视。多媒体的便捷让课堂教学可以搜罗、占有的资源和材料可谓五湖四海、博大多全。这自是好事，但材料的任意堆砌，教学过程的信马由缰，教学难度的或高或低，深一脚浅一脚。有的课堂临了感觉时间紧、环节和材料还很多，便只得独自"开高铁"快速"念经"，讲得学生不忍听，头都低下去了，还不罢休。这显示出教师教学缺理性，少逻辑，基本没有"设计"或者设计粗疏、草率。要了广度，但忘了边界；要了深度，但忘了底线；要了难度，却忘了极限。《王冕读书》与《兼葭》教学的结尾就存在这类问题。

四是文言文本身在审美和思维领域的天然优势、特色和品质，还未能得到很好的挖掘。这几乎是一个普遍的存在。

这些问题的产生和存在，有的是语文教师学养和教学素养的问题，有的是对"传统文化走进语文"认识和理解上的偏差问题；也有假以改革之名而风行的某些"专家"观点、思想、所谓"典型创举"和经验的误导所致，课堂中情感、态度、价值观的直接"告白"，"小组合作"的横冲直撞，只见结果难觅过程的所谓"展示教学"等。客观上说，这对语文教育、语文教师产生的负面影响还需要一个长的时段才能消除。

这些问题如何解决？传统文化融入语文之后的教育教学究竟如何开展？这需要全国广大语文教师深入思考，大胆探索，走出具有中国特色的语文教育道路。在此，以本次大赛课例为据，提几点想法，供大家参考。

第一，形神一体：传统文化与语文融合的基本教学准则。

语文之文本，文本之语言，文字是"形"，传统文化、民族精神、思想内容为"神"，两者从来都是"一体"的。语文教学过程中，应该以"形"传"神"。按照某些专家的设计，"情感态度与价值观"是可以游离于"知识、技能"，单独"宣讲"，其实，语文教育不然。披文入情，浑然一体，不露痕迹，不着一字，没有附加，没有外挂；从头至尾都在教学文言、文言文，从文得理；情理永不离"文"，甚或也不出"文"，像绿水围绕着青山，山水不分。架空的、引申的、空洞的、说教的、自己不信的、可能也从来做不到的那些表态的口号，尽量少说，最好不说。古人说："清水出芙蓉，天然去雕饰。"让学生自己默读、深思，从文中领悟，教师轻易不将某些道理说破，可能是一种最美的人文教育。

第二，精于设计：传统文化与语文融合教学成功的前提。

从本次大赛看，名次的高低与教学者设计之力、之功有着极大的关系。朱煮《行路难》的教学，设计了"四读"环节：走近诗人，从心而读；聚焦修辞，析法而读；代入角色，融情而读；直至最终的完全听任自己心声的以情而读。这是教师依据原诗表情达意的思路、遵循学生阅读规律，精心设计的。

申治云《狼》的教学，抓关键句，揣摩其内涵，发现其关系，联通全篇，深化理解；加之逐渐深入的得法引导，居然激发学生的大胆质疑，成为这节课也是本次大赛的一个亮点。

当互联、搜索、大数据、信息资源越来越便捷，素材、教学资源如惊涛骇浪般不费气力奔涌而至，教学、课堂常常可能不经意间变成与文本、教学有关或无关的各类材料和资源的"过路站""跑马场"。繁多、混杂、快速、闪回，只知道来过，不在乎拥有。外行会称赞这样的课堂"信息量大"，学生则感受到这是视觉的"骚扰"、教学的"忽悠"。问题就在于缺了教学应有的"设计"。

有设计的课堂一定注重"整体"，"整体"一定指向任务和目标的实现，因而它是和谐的，富于美感的。胡焰的《湖心亭看雪》，正是在整体设计框架下，发挥教师"讲读艺术"的特长，引领学生共同品读典型的、富于美感的语言，从而实现全课教学的初衷。有设计的课堂一定注重"结构"，"结构"强调的是关系，关系的勾连需要逻辑，过程中的"台阶"很重要。整个教学过程应该循序渐进、拾阶而上，从学生的思维、认知的发展到问题的设置和解决，如此才可实现教学的意义和目的。有设计的教学应该借助"问题"来连缀和贯通，每个问题都应该前后关联，丝丝入扣，与学生的理解以及理解的深入、教学任务的达成，才有意义和价值。有设计的教学对大量的教学素材是有梳理、有组织、精心的安排，这就是"整合"。整合的目的是实现有用、有序、有效，"删繁就简"，如同三秋时候的树木扶疏，令人有斩截、清晰、疏朗之感。实现教学设计的优秀，需要教学者感性和激情之上的理性。随心所欲、信之所至不是教学，不顾规律，违背学情，会走到教育的反面。

《蒹葭》的教学结尾，张媛老师设问：不同人心中有着不同的"伊人"，不同人心中的"伊人"美在哪里？这尽管是一个不错的问题，但毕竟跟文本距离较远，跟学生关联较小，假如改为"你心中有着怎样的'伊人'？为什么是她？"是不是更与本诗、与学生贴近一些呢？

《王冕读书》的教学结尾，孙彦波老师要求学生结合文中的内容，任选一处，增添几句抒情和议论的内容，表达出对王冕的敬意。这一安排未能考虑"收束""整体""总结"等因素，显出教学的"琐碎""粗疏"，假如改为"阅读有关王冕和本文作者宋濂的传记或者故事，在对他们有深度了解后，为文章末尾加一段话，对主人公、本故事或者其他发表自己的评价"，是不是要完美一些呢？

第三，"语文传统"：传统文化与语文融合教学需要承继的方法。

多年来，不知为什么，学习借鉴多了，"三维"多了，"小组合作"多了，"展示"多了，课堂中的"热闹"多了，大概是为了应试，为了功利，语文教学越来越"理科化"了。但"语文"的东西少了，古诗文教学的课堂上，语文和古诗文的"韵味"少了。

情感的渲染、审美的感染、讲读的荡气回肠、品味的出神入化，这些语文教育最重要的"人文"因素，去了哪里呢？本次大赛中的多节课让我们看到了语文教育优秀的传统、教育方法的回归。讲读读讲，朗读背诵，品味感悟，推断（词句之意）点评，比照鉴赏，知人论世，疑古辨正，这些久违了的也是被数百年的中国教育反复证明符合语文教育规律的策略和方法被较多、较娴熟地运用，且产生出人意料的实效。胡焰《湖心亭看雪》的教学、田红梅《茅屋为秋风所破歌》的教学，显得尤为突出。

第四，从"我有"到"有我"：传统文化与语文融合教育教学成功的基础。

我一直以为，好的语文课堂，就教师而言，不单单是"我在"其中，一定得"有我"。语文教师在课堂中的"自我"思考和思想、情感和观点，比什么都重要。照搬照抄教参和教辅，东南西北，引经据典，花里胡哨，从来没有自己的说法、想法和做法，当然也就不可能有什么感动、激动和冲动。这样的语文课何以带给学生情感和思想的冲击、震撼。问题是,一辈子就这样搬来搬去地重复着与创造毫无关系的"劳动",生命和生活的意义与价值又在哪里呢?

这样的"有我"之境,又如何才能实现呢?

从本次大赛获奖者的身上,我们会感受到,优秀者课堂表现的"优秀",一定表现在"学养"上。语文、文学、文化和传统的根基厚重深蕴,一定表现在思考、思想与思维的独立和富于理性上,一定表现在教学素养的丰富、广博上。

欣赏《湖心亭看雪》,从审美的角度,看"湖上影子,惟长堤一痕,湖心亭一点,与余舟一芥,舟中人两三粒而已"一段,用白描素笔,真正是轻描淡写,但词语形象传神,视角清晰异常,画面简约至极,但境界全出。

研读《愚公移山》中智叟与愚公的"智愚之辩",从思维的角度,看智叟之论,利己、现实,指向眼前利益,计较的是经济成本,你不能说没有一点道理;愚公之见,利他、宏远,指向未来目标,显示的是战略眼光,这就是高瞻远瞩,胜出智叟几个层级。如此从思维的角度,带着学生去领会、感受,并作出判断和选择,可能要比高喊所谓崇高和伟大,高明得多,有价值得多。

这样的教学自然更有深度,更有灵气,当然会有更多生成。学生、教师就会常常甚或总是处在"创造"的愉悦中,这样的教学生活才是有意思、有意义、有价值,因而才总令人期待。

"有我"之境,源于"我有"之实。你要去"装饰""别人的梦",就得用"明月""装饰""你的窗子"。

人活世间,按照儒家哲学观,一生须自强不息,进取不止,但总得借力和顺势,才可以有时空与机会正心诚意、修身齐家、治国平天下，正所谓"时势造英雄"。互联网来了，人工智能来了，量子计算来了，如今充分融合传统文化精神的新教材、新理念和新要求来了，我以为，这实际就是语文教师发展的春天来了，语文教育的春天来了。之所以如此说，是因为我一向坚定地以为，中国语文教育的核心特质，首先是"中国"：中国语，中国文，中国传统，中国文化，中国精神，最关键的是需要我们这些富于传统底蕴和家国情怀的中国语文教师！

第九讲

"工匠精神"也是语文教育精神

不知从何时起,在中国教育话语体系中,"教书匠"这一概念成为贬义词。不少人动辄称"学者型""研究者""教育家",假如有语文教师一辈子甘做一名"教书匠",欲要立足"本土"和传统,致力于语文课程"工具价值"的研究,致力于学生语文素养提升的努力,都属"立意"平平,一定会被认为"胸无大志"。所以,即便刚刚入职不久的语文教师,如果写文章,如果有机会参与教学研讨活动,介绍和交流自己的教学实践、体会、经验,大多忌讳用"技术""方法"和"工具",言必称"思想""人文"和"艺术"。近年来,随着语文教育"反拨"和回归的呼声渐起,随着语文课程标准的修订,语文教学浮躁、玄虚之势稍衰,但借大词以唬人、借炒作求成名现象依然很常见。那种一以贯之地执着坚守、探索并且践行语文教育传统和规律的"教书匠"越来越少。十余年的课改,几十年的语文教学改革,困局中的基础教育并未解困。作为基础教育基础学科的语文,现实情境中,其"基础"地位似乎也遭遇"岌岌可危"的尴尬。

问题究竟出在哪里?我的理解是,几十年来语文教育的"潮涌浪翻""风云变幻",好像无外乎两个领域:一是内容,即究竟教什么的问题。语文究竟侧重在"语言工具"的教学还是"人文精神"的教育,这不是问题的问题,却一直被"能言善辩"的语文圈内外的人费心劳神、大动干戈。二是形式和方法,即如何实施教学的问题。"文化大革命"结束之后,以钱梦龙先生"三主"教学为标志,语文教学"政治化"的倾向得到一定程度的扭转,在教学操作领域的朦胧状态有所改观,语文教育逐渐走出泥潭。随着"人文"思潮兴起,"课改"新军诞生,以及互联网的"加盟",加之"小组合作"课堂组织形式、"翻转课堂"网络学习方式等的出现,语文教育总是最快反应、极速响应,立马成为"改革""实验""创新"的中心地带。最敏捷,大幅度,很抢眼,太热闹,几乎说是近20年语文教育发展的典型特征。

最值得深思的是,多年"轰轰烈烈"的语文教育究竟留下了什么呢?

在新疆尉犁的罗布人村寨,观摩两位高龄艺人静坐炕上,手握小巧的斧、刨、凿,对着一段胡杨木,静静地砍、削、铲,不疾不徐,不躁不缓,气息平和,神态淡定。一只小小的猴子在他们的手中要雕刻、切磋、琢磨好几天,数万刀之多。货架上陈列的不多的艺术品,以动物为主,栩栩如生,精妙绝伦。

面对端然静坐、聚精会神的两位高龄艺人,观赏他们创作的小巧别致、精妙无比的作品,不需要追问和探求,就能从中感悟出许多生活、人生、生命的道理。

艺术生活是真正的"创造"生活。真正堪称艺术的作品,都是极具创意、个性和独特性的。这样作品的产生,不是靠着艺术的"天赋"和"绝招"一蹴而就的,而是靠着斧凿刀刻的技术、切磋琢磨的心思、日积月累的功夫。就是说,再高超的艺术原来都是这样建基和植根的。

语文教育是不是也需要这样的"工匠精神"呢?

工匠精神，其根基在"工"和"匠"

什么是"工"？《说文》："工，巧饰也，象人有规榘也。"其意是指，一个人从事某项工作所需要的"技术和技术修养"。所谓"技术和技术修养"，就是从事某项工作必须具备的"知识"和能力系统。这个知识系统集中体现为"基础性知识"和"方法性知识"（或称程序性知识）。其中，前者是有关某类产品和事物本身的静态性知识；后者是生产这一产品的过程性和方法性知识。民族艺人雕刻小动物工艺品，首先要有关于该类动物的基本知识，有关于动物工艺品的知识。不仅如此，他要雕刻出惟妙惟肖的动物工艺品，还得具有关于此类工艺的审美知识。在此基础上，他必须具有创造此类工艺品的方法性知识。运用这些知识，使用合适的工具并付诸操作，成就艺术精品，则是一位艺术高人长期践行并不断体会反思改进的结果。这种"知识能力系统"即"技术和技术修养"，实际就是我们常常所言的"功夫"。

有了这样扎实的"功夫"，就有可能成"匠"。什么是"匠"？其原意为"灵巧，巧妙"。与"匠"有关的重要词语是"匠气"和"匠心"。他们实际是对匠人生产产品的两种层次的评价。"匠气"，是针对某种制作上的一种感观效果的描述，即工匠对工艺器具及楼宇建筑进行雕凿、堆砌所显示出来的中规中矩与精雕细刻的感观效果。"匠心"则是指从艺术品中反映出来的"能工巧匠的心思"。前者可能是一种按图索骥、循规蹈矩的"生产"，但其生产的过程也需要技法和手段的"灵巧"，后者是一种独辟蹊径、别出心裁的"创造"，其创作过程融入的是作者的艺术"思想"和"智慧"。当然，其"技法"和"手段"的灵巧是必不可少的。

"工"和"匠"并称，"工"是成就"匠"的前提和基础，"匠"是

"工"成长和发展的必然。没有"功夫",便难以有"匠人"。就"匠气"和"匠心"的关系而言,大量的、规范的创作实践,成功艺术作品的阅读、品味,往往是创新思维产生的基础,古人说"熟能生巧"。

语文教育领域如今显现出来的种种问题,似乎都可以从"工""匠"关系中找到因由。

对于绝大多数的一线普通语文教师,语文知识教学的基本规范,语文能力培养的基本策略,语文素养养成的一般规律,语文教学的技术、策略和方法最为切用,最为重要。如果我们还够清醒,还没有被某些"明星"的"作秀"蒙蔽了双眼,就可以做出正常、理性的判断。这样一类基本规范的教学,几乎占了95%以上语文教师所有教学活动的95%以上。

这些恰恰是语文教师最应该学习、进修和掌握,以终身受用的内容。但长期以来,这些在一般人眼里不入流的"一般性知识",大学课程论、教材教法课教授不重视;工作时,教研人员"指导"不以此为重点;培训现场又都是"明星"高高在上地示范,也很少在这方面着力。应试之下,寻觅教学绝招,追捧高效模式,迷恋名人秘籍,苦求发展捷径,高抬教学"艺术",贬抑教学技术,已经成为语文教育的常态。

以《捕蛇者说》教学为例,有教师这样安排:通过幻灯片,"文言句"与"译文句"交互出现,学生读读背背,"循序渐进",把一篇富于语言美感、人文内涵和作家风骨的"八大家"议论散文,摧残得"体无完肤"。也有罔顾"文言"特点,三言两语地"疏通"完文句,便抓住文章所揭露的社会问题,即最可以勾连上"人文性"的问题——作者为什么要说"赋敛毒于蛇"?联系孔子的"苛政猛于虎",说说封建统治有什么特点?让学生广泛联想,深入批判。课堂一时颇为热闹。且不说这种安排引导的结果与柳宗元为文之初心是否一致，仅就教学目标导向看，似乎距离语文教育的"本心"已是十万八千里。假如有人当初教给教师文言文教学就是应该用文言的方法来教学，关键在"言"和"文"本身，而不是"望文生义"，也许他就不会如此信口开河、不着天地了。

古人云："登高必自卑，行远必自迩。""求木之长者，必固其根本；欲流之远者，必浚其泉源。"语文教育要想"痛改前非"，必先"反其本矣"，这个"本"便是寻求语文教学之"工""匠"一体，"技""艺"同步。

也就是说，语文教师致力追求"教书匠"工匠、技艺的同步发展，语文教育就大有希望了。

工匠精神，其特质在精致和正直

有了"工"的极致、"匠"的精妙，数十年的苦修、锤炼，也就有了工匠之"正直"、工艺之"精致"。

精致是就产品及其生产过程而言的，正道直行则是就生产和制造者而言的。前者为果，后者为因；前者是形于外，后者是神于内。

多年前到台湾，并不很喜欢"零嘴"的我对不少区域的小吃垂涎不止。无论是商场，还是街边小店、餐厅，都极富特色，根本不用担心食用生鲜的新鲜度，也不必担心吃不好。那些琳琅满目、充满诱惑的食物，不仅季节性强，味道鲜美，而且现场服务，加工精细，量少质高，极为讲究色彩的搭配和摆放的艺术。这种新鲜保障、透明操作、"刻板"规范操作以及"艺术"加工的一丝不苟，成就的就是孜孜以求的精致和正直的"匠人品质"。

这种"精致",这种"正道直行",近年来,在语文教育领域,不幸被"粗糙"和市场"投机"取代,成就了一段急功近利如市场狂欢般的"镀金时代"。

比如,标准研制中的"哗众取宠":体系架构的烦琐庞杂,概念术语的堆砌摆谱,语言表达的玄虚空洞。可怜那些如大旱之望云霓的一线教师,面对"标准"依然困惑、迷茫,"找不着北"。"课程标准"不太"标准",成为语文课程建设的黑色幽默。如今,"标准"在广泛的热炒中"修订"却又遭遇"难产",这虽然让人多了期盼和希望,但其间的"玄机",又叫人平添想象。

比如,教材编写中的"塞进私货"。语文教材作为母语教育的脚本,决定了其不仅神圣,而且令人敬畏。如今,当"一个标准,多种版本"成为常态,教材编写中又有新的问题产生。例如,选文中出现了胡乱改写的文化名人故事,甚或有人"近水楼台",竟将自己的文章"混"入其中。这类私心作祟,与"精致"和"正直"的工匠品质,简直就是背离。

比如,一些稍有名声的教师,常常不甘寂寞,或举大旗,或常出惊人之语,加之某些媒体、论坛和网络平台也风助火势,一时间,"真假语文""新旧语文""人文语文""翻转语文""批判性语文",这方唱罢我登场,真正是高调危言,声威并俱,至于真实的目的和意义,究竟是建构母语课程的"精致",还是炒作自身的名利,一时难以判断。

比如课堂中,假给学生"自主"之名,令学生自选精彩词句、语段,自主分析点评,并全班交流,这一如今很是"风行"的阅读教学方法,就很令人啼笑皆非。从心理角度揣度,近易远难,趋利避害,是人之天性。要学生选择真正精彩而有深难之点加以点评并全班交流,几乎是不可能的。所以,几乎所有的学生都会选择容易的、自己有心得的部分。那么，这一平面化的学习过程和环节，除了耗费课堂的时间，其实际意义何在呢？实质上，这显示出来的，就是教学的随意和粗糙，背后则是教者的疏懒与怠惰。

苦心经营语文教育的每一件产品，从标准、教材、教材中的选文，到教育的理解、教学的细节，精益求精，臻于"精致"。这当然需要教学者的持正、端直和由外到内、由神到行的善德风范。

工匠精神，其关键在坚守和平和

成就一两件"产品"的"精致"，做到短时的"正直"，可能并不艰难。要达到所有工艺的精致和一辈子的正道直行，唯有靠坚守的意志与平和的内心。

坚守是一种意志，平和是一种心态。浮躁和急躁者不可能有坚守，过于聪慧和灵敏者也难以坚守什么。看花开花落、云卷云舒，依然从容淡定；面对金钱荣誉、成败得失还能泰然淡定，这样的平和才有永远不离不弃的坚守。考量世界各国的"长寿企业"，有人发现，拥有200年以上历史的，日本3000多家，德国800余家，我国则不是很多。其间的缘由，与经营者内心是否平和与意志是否坚定自然是分不开的。喜欢比较，善于变化，追求弃旧图新，追逐利益最大化，是企业短命、品牌难成的主要原因。

这里有两个问题需要厘清。人世间是不是有或者说可以有长久不变的事物以及与之相关的不变的技术和工艺？正在不断发展变化的事物中，有没有可以长久保持不变的部分？答案应该是肯定的。正因如此，人心之平和甚或刻板与意志之坚守甚或保守才有意义和价值。

几十年来，教育特别是语文教育的变革甚至是革命性的"运动"，几乎从来没有消停。但冷静和理性地审视语文，对照语文教育的"初心"，语文教育应是教育人说话、读书、作文的"语文"。随文识字、因文学语、在阅读中学会阅读、在写作中学会写作等语文学习的一般规律，又有什么变化呢？于是，改革需要改革的，坚持需要坚持的，应该是语文教育发展的常态。那些自诩改革、自认占据"制高点"的人，也许恰恰是"风派"。

这种"风派"缺研究品格，缺平和心态，缺坚忍意志，在上者说什么话，中心地带刮什么风，便立马查材料、找理据、做证明。在有些人的眼里，修订前的课标是天下最好的，所有理念和观点无比"英明正确"；修订后的课标也是天下最好的，所有观点和理念也是无比"正确英明"。当初提语文教育就是要培养学生的创新能力和实践能力，他说这有高度；现在提语文教育培养学生的语言能力，他又说这多么切实。如此"变色龙"一般的学问，真不知是忽悠还是学术。

这种"忽悠"，除了越发助长语文教育的浮躁风气，还带给语文教育长期混乱和不尽的折腾。一线教师饱受其苦，不堪其累。旧理要"破"，传统要"改"，内容要"变"，方法要"新"。于是，这绝招，那模式，一时层见累出。所以，有人说，多年来，动静最大的学科是语文，问题最多的学科也是语文。我觉得问题的症结就在于平和者不平，坚守者失守。

平和坚守者就像惊涛翻卷的江边特立的一株"芦苇"，破岩怪石的峭壁间孤耸的一杆劲竹，风吹来，它会稍有弯曲，但很快又会昂头挺胸，不折不挠，静悄悄的。这是一种"工匠"姿态，也是"工匠"的风骨和精神。

工匠精神，其核心在理解和理想

日本哈德洛克工业创始人若林克彦，其生产的螺母精确到无须检验，确保永不松动。他的诀窍在于，永远把做的事看成有灵气的生命体。一位雕刻师傅对向他提出快而多地提供产品的"经销商"说："这不可能，我要对购买我木雕的顾客负责，你赚的钱花掉就完了，但雕刻却是要一直放在那儿的。"红木家具大师印洪强一直坚持"木工是一个精细活，所有图纸都得精确到每一个细节，来不得半点马虎"。他有一个想法，就是把中国家具做好，让世人认识并爱上中国传统家具工艺。

若林克彦对于自身从事的工作，有着富有诗化的阐释和理解。雕刻师所言，表达的是对自身"产品"的负责和担当，对于自身及产品品质和名誉的护卫；更为重要的，其饱含着民间艺人对自己钟爱的艺术的质朴"理解"，以及对自己创造的艺术品不朽传承的希冀和梦想。红木大师"让世人认识并爱上"的质朴愿望，表现出的是对出自自己之手的"家具"由微而著、由近及远的深刻理解和宏大理想。

这些对所从事的职业、生产产品的朴素的理解和理想，恰恰是他们的"工匠"追求、品质修炼、心志坚守，如源头活水般汩汩不绝的原动力。

从事语文教育甚至要一辈子献身语文教育事业，第一要解决的问题可能应该是对语文教育的理解以及理解之后生发的理想。

语文不是一般的学科，它是所有课程的基础；语文不是一般的课程，它是中国人必修的母语。学语文是国人之本职，教语文是语文教师之天职。

语文教材遵循语言学习规律，以经典选文为载体，将不同类型的语文知识有机穿插在选文和单元之间，实现理与事、虚与实、体与用的交互结合。但这绝不意味着选文与知识间有着高下优劣之分；绝不意味着语文知识没有系统，语文知识可有可无，语文知识可以忽视；绝不意味着选文的教学可以随心所欲，置语文知识和能力、语言素养的提升于不顾，毫不犹豫、简单草率地将语文课堂演变成情感、态度与价值观的"跑马地"。

对待教材和经典作品要心存敬畏，不可假"国家课程校本化"之名轻易作践和消遣。当然，也不要将它"神圣化"，传承优秀不意味着不可以求异和质疑。"鉴赏"中的独到见解和批判思维的引领与激发，恰恰是培养学生思维品质的最好工具。

语文是语文人一辈子的生活依傍，语文教育是我们一生的心灵家园，语文和语文教育应是我们永远的精神皈依。靠山吃山，靠水吃水，我们因此成长、成功甚至成名、成家，也应心存感激和敬畏。

如此，学好语文，具备优秀的语文素养；教好语文，具备优秀的语文教学素养；帮助建设和完善语文课程，具备优秀的语文研究素养；推进语文教育改革，捍卫语文学科尊严，修炼高尚的语文教育品格，便成为所有语文人矢志不渝的追求和理想。

如此，我们才会有如工艺大师一般的热爱和热情、平静和坚守，才会琢磨出语文教学的技艺和匠心，琢磨出一堂又一堂精致和完美的语文课，直至建构出富于独特个性的语文课程和语文教学。

附 录

《赤壁赋》教学设计与观察
余耀清

【教学设计】

教学目标

1. 能熟练、正确地朗读课文,把握节奏,读准字音,读出语气,读出情感。

2. 能在动态的诵读中感知作品的语言和情感,灵活、准确地释词解义,积累词汇、语汇,准确地翻译文言文。

3. 能借助文本和相关信息,准确地判断、理解文本表达的主题。

教学重点

1. 能在动态的诵读中感知作品的语言和情感,灵活、准确地释词解义,积累词汇、语汇,准确地翻译文言文。

2. 理解本文表达的情感,形成正确、积极的人生观。

教学难点

能在动态的诵读中感知作品的语言和情感,灵活、准确地释词解义,积累词汇、语汇,准确地翻译文言文。

【教学过程】

一、引入教学,简介背景

1. 学生展示课前搜集的相关背景资料,课堂交流。(出示PPT 1)

2. 抽查学生的朗读熟练程度,要求读准字音,读出节奏、语气。

（出示 PPT 2—4）

二、学生再读文本，整体感知，获取信息

1. 学生互助合作，解释重点文言字词，翻译重点语句。（出示 PPT 5—10）

2. 各学习小组提出字、词、句方面的疑难问题，师生展开对话、交流。

（对学生提出的每一字词句疑点，不要单纯地只是给予机械地解答，要尽可能地与作者的心境与主题对接，将字词的理解融入苏轼的情感生活，以字见情，借情解字，力求文、言贯通，和谐统一。）

3. 散文写的是什么事？你能感受到作者的情感变化规律吗？

（教师板书：乐—悲—乐）

三、解读文本，深度研学

这里将文本文字按依次顺序分解成五个教学画面，在情境创设的背景下，引领学生走进文本，解读苏轼的内心世界。

画面一：一叶扁舟，月夜款款而来……

（教师出示 PPT 11，立足文本第一小节展开交流对话。）

1. 月光下的江面景象有什么特点？请用最贴近译文的语言描述出来。（将"言"自然地融入"文"的理解过程，注重文言译文的准确性。）

2. 真的是水欲静而情未止。你能通过朗读体会到苏子此时的心情吗？那是一种怎样的心情？

（此问意在促使学生朗读"纵一苇之所如……羽化而登仙"，读出飘飘欲仙的"出世"的陶醉与快乐，同时板书：乐？）

画面二：一曲箫声，打破夜色的宁静……

（教师出示 PPT 12，围绕文本第二小节展开交流对话。）

1. 用箫音和画面伴随一位学生朗读第二小节，其他学生置入情境，闭上眼睛想象，借助文本说说：箫音中传递了哪些信息？苏子的心情？

（板书：悲！）

2. 引领学生先解剖修辞手法、侧面烘托的运用，再仿照"舞幽壑之潜蛟，泣孤舟之嫠妇"的夸张句式，尝试用水声、猿鸣、山岩等物象来侧面衬托主人公的悲愁之深重。

（鼓励学生尝试、想象、描述、表达，培养其创新思维能力。）

画面三：一位士子，难以释怀的叹息……

（教师出示PPT 13，结合文本第三小节展开交流对话。）

1. 请2～3名学生朗读，师生共同评价朗读的效果。

（评价标准：看能否抓住每句的引领性动词，读出天马行空、汪洋恣肆的情感，读出无以解脱、难以释怀的愁绪与无奈——读出苏轼散文的风格来！具体地说，要读出"破、下、临、横"的贯虹之气，读出"侣、友、驾、举"的超然之胸，读出"寄、渺、哀、羡"的阔宽之怀，读出"挟、抱、托"的梦幻与沉醉。）

2. 结合文本内容以及当年苏轼高中进士时仁宗皇帝褒奖他的话，说一说：当年春风得意的他，此时又为何叹息？

（引领学生发现文本里的"四叹"：一叹时事变迁、物是人非；二叹天高地阔、自己渺小；三叹江水东流、人生苦短；四叹脱俗超凡、不可骤得。）

3. 感受并反复阅读、咏叹苏轼内心的悲苦。

（此处文字并未出现一个悲苦的字样，却是无处不愁、何处不苦，可谓不著一字尽得风流，要让学生在反复朗读中呈现难以直言以表的情感。）

画面四：一位智者，妙语点化人生……

（针对文本第四小节展开交流对话）

1. 探究：如果让你们朗读这一小节，应该以怎样的语气来读？

（学生展示性朗读，前半部分要读出哲理性、思辨性的语气，后半部分要读出劝慰的语气。）

2. 说说看，苏轼又是一个怎样的善劝而自劝的人呢？

（明确：这里以水无常形、月无常态作比，以自然变数之规律说理，以物有得失的禅道自慰。这段说给别人听又说给自己听的几句话，三言两语便一语中的，点化了自己写满委屈、痛苦与矛盾的复杂心情。它是苏轼旷古绝世大家的心灵、大气的风范的写照，也是中国几千年来唯一的一个能在困厄中做到融佛、道、儒三家于一身的思想见证，教学中要紧扣这一点来深入解读。）

画面五：一江秋水，承载喜笑悲愁……

（教师出示PPT 14，结合文本第5小节展开交流对话。）

这里以解读文本中的"喜""笑"作为切入点，结合苏轼的这段人生经历，深度剖析苏轼的思想，还原一个最真实的人物形象。

（明确：苏轼此时的喜与乐只是暂时的，实在是不得已而为之。不久他又到承天寺夜游时，矛盾而复杂的心情、出世与入世的纠结，无不体现在那篇短文的字里行间。所有证据表明，苏轼这一时期始终没有从困境中解脱出来，他也不可能真正地解脱出来。写作本文只是在借流水、月光来短暂地修复自己受损的心灵而已。板书：乐？）

四、回望文本，提炼主题

（出示PPT 15—16），结合苏轼的《自题金山画像》，理解苏轼退能独善其身、达则兼济天下的情怀，并借助教师自编的材料，回望文本，厘清文脉，提炼主题。

附材料：

乌台诗冤，谪居黄州；何以解忧？赤壁泛舟。

扣舷而歌，悲怨顿生；主客问答，异曲同愁。

盈虚消长，自然变数；物各有主，非吾所求。

清风明月，乐上心头；悠哉悠哉，前路堪忧。

板书设计：

赤壁赋

乐？——悲！——乐？

豁达开朗、超然物外

（作者为江苏省南京市雨花台中学语文老师，江苏省特级教师）

【名师观察】

  曾几何时，"教书匠"在中国教育界成为一个贬义词。哪怕多年轻的教师，言及教学，谈及方法，很少愿意承认自己用了什么技法和技术，无一例外地都夸说是自己的教学艺术。语文教育犹然。问题是，世界上真的有什么工作、事情是不经基本的技术和工艺阶段，就直接"晋升"艺术层次的吗？似乎很难找到。这一现象，实际反映的是，多年来中国基础教育学校发展的一个十分尴尬的困局：一方面，教育的应试甚嚣尘上，学生发展尤其是符合科学和人性规律的发展受到极度干扰和严重制约，有些所谓的"教育"甚或走到教育的反面；另一方面，很多高言大词、空洞口号却假以"理念"和"文化"的外衣在某些学校"招摇过市"，营造着一种虚火的"繁荣"，把"蒙骗"和"忽悠"表演到了极致。但真实的教育究竟是什么样的？现实的教育究竟能够给学生带来什么？这些带有教育本源性的问题很少有人思考和探寻，按照惯性，顺"试"而为，已经成为现实教育的常态。

  语文教育在这样的"常态"和大潮面前更是"断崖式崩溃"，从初中开始，直接赤裸裸地指向"应试"的所谓"阅读能力"和"写作能力"的教学几乎过关斩将、长驱直入,语文课堂早已是应试的刀光剑影的练兵场。在很多的教学现场和语文教师培训现场,我经常会问一个问题:语文教育,我们自己的母语教育,所培养的语文能力,究竟是学生走向社会需要的阅读和写作素养,还是为了"应试"的阅读"技巧"和"花样"?

带着这样的思考,在现下语文课堂应试大潮来势汹汹的情境里,来看余耀清老师这样一节获奖课,还是有很多值得研究的方面。

其一,这节课存续许多文学教育也是语文阅读教学的一般程序和基本规范。实际上,阅读,假如我们承认它是科学的话,它一定有基本的程序和规律。阅读教学可能更多地通过语文教师的种种努力致力于学生对这些规律或者说是一般性程序和路径的逐渐掌握。在《赤壁赋》的教学中,其基本的路数实际是非常清晰的:一是字词句障碍扫除,背景知识介绍。这两项工作都是理解的前提,文句还没有读顺,怎么理解全篇?背景和作品所涉及的人事还不知道,怎么准确把握文意?二是整体把握文章内容,建立关于本文阅读的整体概念,这是一般阅读都会遵循的"宏观掌控"理路,目的是在细读、赏析时有一个基本的方向和思路,以免在后面阅读理解过程中歧路亡羊,差之毫厘,谬以千里。三是抓住关键,细细品味文辞之美,感受文意之深,体会境界之高远。这是阅读教学的重点,也是难点,是语文阅读教学魅力之所在。我觉得本部分教学集中体现了余老师的语文素养尤其是文学素养以及教学素养的优秀。四是在上述的共同分析研讨之后,进一步深度、准确地揭示文章的内蕴。这也是文学阅读、阅读教学最见功力之所在。前面的所有工作都是指向此一环节的。此一环节之出现和发生必须是顺理成章、水到渠成的。从本节课的教学看,教者做到了,而且做得比较优秀。

在一些积极、赶潮流和跟风的"改革派""创新派"眼里,这样的教学是不是有点落伍、老套?当"大家"都去鼓吹"自主建构"的时候,你还固守着如此老旧的"传统"套路,那些卓越的理论还会与你"握手"吗?问题是,母语教育可能还是需要基本的"中国特色"和"语文传统"的,即使"建构",课堂内外教师的引领、示范、指导和帮助,还是不可或缺的。

从这一意义而言,余老师的课堂让我想到中国语文人的坚守、继承和存续。由浅入深,知人论文,先总体后部分,由现象到本质,这几乎是古人治学的基本路数,也是有语文以来教学的基本路数。而且,这似乎不仅是中国的,也是世界的。

我觉得,这可能就应该是语文阅读教学的基本程序和规范。往小处和低处说,是一种基本的技术或者是"工具";往大处和高处说,可能就是一种模式和规律。由此我想到了李克强总理所言的"工匠精神"。假如把语文教师也看成一类匠人,一类教书的匠人,掌握并信守这样的技术和规律是不是就是工匠精神?是不是就是一种"必需"呢?我看应该是。

其二,这节课的教学中处处闪现着教学者个人阅读的精魂和魅力。王国维对于诗歌表达之境界,分为"有我之境"和"无我之境"。其观点,"无我之境"应该是高于"有我之境"的。这当然是一种对于文学艺术的审美观。延之于语文阅读教学尤其是文学教学,我觉得语文课堂中的"有我之境"在现实的语文教学中显得尤为珍贵、难得。因为"应试"和"建构主义"对于"教"和"教者"的否定与拒斥,早已让语文课堂完全消解了语文原本该有的"精气神"。不少语文教师自身与阅读的绝缘、与教材文本自主、个性、独到解读的绝缘,也让原本还可存续一点语文魅力和活气的语文课堂越来越索然寡味,不仅学生不喜欢，连很多语文教师都感慨，语文教学真的了无生趣。余老师的教学让我眼睛一亮。在他所设定的本课中最为重要的环节"解读文本，深度研学"中，教者沿着苏东坡《赤壁赋》的文路，用五个画面勾连，引领学生展开想象、思考、分析、研究，逐渐接近作家月夜泛舟时的心灵激荡、神思飞扬。文理是文章固有的，但设计和教学引领是教者的，是教者紧扣独特的阅读感悟精心安排的，以带动学生的理解，影响着学生的发现，并从此过程中逐渐体会此类文章阅读学习的基本策略、方法和规律。我认为，教者把自己的阅读体验和感悟融入阅读教学，实际就是一种阅读的"示范"，表面上看是"自说自话""越俎代庖"。如果阅读是有基本规范的，那就可以说，教师自己的，也常常是学生的，"金针度人"说的就是此理。"建构"有时候还需要精要的指导、示范，学生学习了，掌握了基本的路数和工具，受到影响和感化，"建构"才有可能真正发生。

我觉得，"工匠精神"强调的是对一种职业品质的维护和坚守，"千磨万击"，依然坚劲。哪怕是一个知识点，哪怕是教过多遍的课文，如果没有融会贯通，没有转化为自己的"理解"，变成自己的东西，不能到课堂中"纵横驰骋""任意东西"，"我"绝不敢走进课堂。文学的阅读教学就更加是这样了。自己的理解，自己与作家和此前的评论家观点的或认同、或对抗，都必须在真切的阅读发生之后才能产生。这样的"产生"才可能有余老师富于生气和灵性的教学出现。从这一意义而言，"工匠精神"才是真正的、富于个性和创造的精神。唯此，教学才有可能进入"艺术"和"道"的境界。

当然，本课的教学也有一些值得推敲的地方。不分青红皂白的所谓"小组合作"，也许是余老师向所谓课改新潮"妥协""投降"的结果。小组学习一定是课堂教学的一种行之有效的方法，但毋庸置疑的是，它也同样是一种稍有头脑和主见的任意学习者的辅助性学习方法。学习一定是生命个体"独立"的事儿，因为任何学习都必须伴随思维，而思维永远是没有办法与他人合作的。文言文的语言阻隔众所周知，其攻克之难，几乎难于上青天，没有学习者自己的独立思考，总是在别人的"合作"下轻易"拿来"，可能永远也学不好文言。

从这一意义而言，"工匠精神"又显得越加重要。

（严华银）

第十讲

由"教"向"导"：未来语文人价值功能的重大转型

我们所经历的一向是以"教"为主的语文教育时代。以"教"为主的语文教学比较显著的特征是，教师主体，预设为先，思维求同，价值追求单向、一元。尽管世纪之交的课改试图打破这种僵局，但一旦遭遇"应试"的冰山，终究趑趄不进。在这样的时代，语文教学生活本身很难激发教师发展的冲动。

一

因为语文教师这第一身份，我在高中任校长时，总站在语文的角度，较多强调其教学的特殊性，强调应该鼓励学生多读多写，课外要广泛阅读，拓展越多，积累越多，语文素养才会越加优异。语文教师听了当然很高兴，但班主任和其他学科教师听了，就会质疑：课外时间都用在语文阅读上了，其他学科怎么办呢？语文教学是不是可以更多地在课堂内着力，解决其主要问题呢？

这一问题特别是其他学科教师的质疑带给我关于语文教育的很长

时间的深度思考。语文教育有规律，需要课内课外打通，语文学习一定要多读多写，但究竟什么是规律，如何打通，读写该"多"到何种程度，有谁能说得清楚。既然如此，一味地站在自己语文学科的本位说话，难免有疏漏和无以服人之处。而且，这样缺少边界的语文教学要求，稍稍走偏，带给学生的有时候近乎灾难。因为这是将一般人士的语文学习或者说是语文自学的特点作为中小学生语文课程学习的要求。少目标，散漫性，随机化，几乎就是道家的"自然态"。学生在学校之语文学习有明确性的标准限制，明确的学习内容和任务限制，明确的时间、地点的规定。显然，这就要求语文教师充分发挥聪明才智，在有限的学校时间里，在国家规定的课时内，按照语文课程标准的基本要求，优质高效地完成教学任务，让学生达成各学段规定的语文素养培养目标。

于是，对语文教师的教学素养提出较高要求，就成为这一阶段语文教师专业发展的必然要求。这里的"教学素养"，主要是指基于语文素养的教学能力，也就是依据语文教材，通过规定课时，努力培养出符合大纲和标准要求的学生的基本语文能力和素养。因为这样的限定和评价，反而给语文教师带来便利，不断学习发展的欲望受到抑制。

二

20年来，随着应试的愈发激烈，分数比拼愈发险恶，学生各科作业量、训练量、刷题量几乎与日俱增。语文教育在应试的昏天黑地里，几乎就是覆巢之下，也难以独完。但是因为各考试学科的竞争激烈，谁都不会自丢阵地，让渡时空，语文教师只能在诸多主客观因素的制约和逼迫下，在极为有限的时空中"腾挪"。所谓"腾挪"，并无什么新招绝活，无非就是多读写，大量刷题，反复地复习知识点、能力点。其中，有一句话特别流行：文科教学理科化。"理科化"，公认的理解就是"题目化""训练化"。很多语文教师教学应试的实践，很多学校抓质量的成功事实一再表明，用此法应对当下的语文中考和高考，几乎是制胜法宝。何以如此？语文考试也要标准化，标准化就有标准，标准的达成和遵守就得靠训练。对于应考而言，训练就是做题，题目做得越多，覆盖面越宽，熟练度越高，自会熟能生巧，获得较好的分数。这期间，尽管有声势浩大的所谓第八次课改的穿插、喧嚣，但毕竟孤掌难鸣，终究无法敌过全社会集体"信守"并坚守不渝的终端"应试"、分数"判决"的铁律，与几乎所有的考试学科一样，语文的应试从来都是甚嚣尘上。

这也对语文教师的专业素养提出较高的要求，也发展出一批优秀的语文教师。当然，这里的"较高要求""优秀"，主要是在应试、复习、训练的课堂里，实现有效、高效、优效，实现应试最为需要的语文考试分数的"飙升"和"增值"。这种应试语文教学的技术化追求，与语文教师的专业发展之间，恰好南辕北辙。

三

变化发生在最近几年。国家主要领导人针对中华传统文明的衰落和式微，多次发表极为严肃的讲话。紧跟着社会各界从各自层面加以落实，一时间，"传统文化"成为热点和焦点。在教育界，传统文化进校园、进课程、进课堂，成为最响亮的口号。照理，语文教育是天然地弘扬传统文化的温床，语文教师就应乘着这股热潮，广泛学习、研究传统经典，修炼、厚实国学功底，以达成语文素养的全面提升。但是随着新教材的修订出版，大家发现，所谓弘扬传统，也就是在语文教材中增加了文言经典的比例。这些古诗文并不新鲜，大都耳熟能详，语文教师不需要煞费苦心、皓首穷经去爬梳剔抉。

30余年的语文教育变革，基本都未能脱离标准化和应试化的窠臼与藩篱。知识点、能力点逐渐固化，学习和评价难度系数固化，这当然有益于应试背景下语文的教与学，但其导致的负效应却危害甚远。学生在应试的机械训练中，可能强化了某些语文的知识和能力，缺失的是语文内容的丰富性和内涵的厚重度。语文教师只要根据标准要求、考试说明和教材，就可以应付一般的教学和考试，也就没有什么动力再学习、再拓展、再研究、再思考、再提升和再发展。学生年轻，未来还可以在大学的学习中自我修复以至自愈；语文教师在这样固化的知识能力点的周而复始、索然寡味的"冷炒热拌"中，逐渐温水煮青蛙，失去发展的兴趣和欲望，最终要想复原和超越，可能性极低。

四

语文教育遭遇的瓶颈、阻隔，要通过教育内部、语文教育本身来突破，现在看来还是很困难，因为高考制度的实质性改变还难以实现。而"未来已来"，经由互联网和人工智能而来的科技革命大潮，正悄然而至。其对于教育、学校教育尤其是语文教育的冲击，万万不可小觑和轻视。

多年来，互联网正改变着每个人的私生活，并进而改变着世界。浩浩地球，真的成了一个村庄。在今天的世界，只要一部手机、一台电脑，你几乎无所不能。当下，即便在中国广大的农村，大部分家庭和孩子，手机和电脑都是基本的标配。信息、资源、知识这些静态的可以以文字形式加工、保存和传输的东西,今天究竟还有多少需要第三方"转告"?无限平台、海量资源、极速传输和借助现代科技的数据处理方式,几乎可以真正实现"秀才不出门",仍然能"尽知天下事",甚至尽知天下人所难知和不知之事,甚或尽办天下之事。伟大如孔子,在网络时代,面对一个小学生,也会自叹不如。于是,你发现,几乎不论何时何地,一个有基本阅读能力的人,都可以毫无阻碍地俯身倾心在各类电子屏幕上。

也就是说,因为互联网和电脑,传统的只能通过学校和学校教育供给的学习资源、学习场所,如今早已为家庭和社区所"共有",如图书、图书馆、阅览室,手机和电脑实际就是最大、最新、最便捷的图书阅览室。更有甚者,新型的学习资源如微课程、微视频、翻转课堂等正被大量的好事者以各种目的大量推送,假以时日,当网络运营成本降为零,一个正常人又何时何地不可学习呢?果真如此,学习的概念、学校的概念、教学的概念、课堂的概念,是不是都该重新考量和认定呢?

可以说,互联网、物联网已经并正在迅速改变学校教育的形态。教育一定不会消亡,但极有可能,作为实体的"学校"会逐渐被"虚置"。

又何止如此,几乎与互联网同步而至的"人工智能"如今正以人类难以设想的态势迅速发展。从2016年"阿尔法狗"战胜韩国围棋九段李世石,引发世界恐慌,人工智能的"智能"发展势如破竹,其对金融、运输、医疗、教育等各领域的冲击,已经完全超越人类的想象。有专家预言,最迟到2045年,人工智能将全面超过人类的智能。

研究人工智能,自然要研究人工智能的产生及其特点。人类制造了人工智能,应该说赋予了它最初的智能。关键是,人工智能却不仅仅止步于人类赋予的智能的最初状态,否则,又凭什么战胜人类呢?

人工智能还被人类赋予了"学习和发展"智能的功能。人工智能的"深度学习"技能，人工智能学习的"跨界""整合""增值"特点，恰恰是人类暂时不具有、不擅长的。

可以说，人工智能正在或者即将改变人类的学习形态。假如人机并存是一个难以回避的未来事实，那么人类向人工智能学习，学习它们的"学习"，将是无法回避的选择。

面对这样的可以预知的互联网和人工智能联姻的未来，学校、课堂、教师预设的按部就班的"教"学，这一类传统的教育还能够一如既往地"我行我素"吗？

今天的加拿大等国的学校教育，逐渐进入半天上课、半天活动时代；芬兰等北欧国家正纷纷试点学校每周半周教学制。借助网络和人工智能的自学、自主学习，在任何可以学习的地方学习，逐渐变成一种常态。

面对经由四通八达的校外自由自主的学习再走进课堂的学生，语文教师如何开展"教学"呢？

五

如今，从高中起步的以"核心素养"为纲领的新一轮课程教学改革已经启动。语文教学总体目标确定为："学生通过阅读与鉴赏、表达与交流、梳理与探究等语文学习活动，在语言建构与运用、思维发展与提升、审美鉴赏与创造、文化传承与理解几个方面都获得进一步的发展；坚定文化自信，自觉弘扬社会主义核心价值观，树立积极向上的人生理想，为全面发展和终身发展奠定基础。"其中，有关"核心素养"的四方面表述关涉语文课程从形式到内容、从显性到隐性、从浅近到深远的教育价值。这样的概括全面、深刻、精准，是对语文课程和语文教育价值的本质性揭示，也是长期以来语文教育领域不断研讨、交流甚或争鸣、论战成果的结晶。

与此主旨价值相一致的表达，是关于中国学生核心素养的概括："人文底蕴""科学精神""学会学习""健康生活""责任担当""实践创新"作为学生发展的核心素养，这是教育的高规格、新要求，对于学校教育和学生发展是一个新的重大挑战。这里受到最大挑战的是教师。试想，一个语文教师要比较好地完成从学生语文核心素养到学生全面核心素养的培养目标和任务，其自身应该具备怎样的素养呢？这样的素养又从何而来呢？比如，科学精神中的"理性思维""质疑批判"，以及思维发展与提升、审美鉴赏与创造等。

六

显然，中国教师特别是语文教师专业发展的时代已经到来。这个到来，不是出于实践的自觉，也不是主观的自悟，而是科技进步冲击教育引发的"倒逼"。之所以特别强调"语文教师"，是因为"语文"课程的"语言""人文"和"母语"特征，尤适合自学和课外学习；"发展"，其最重要的是语文教师功能和价值的转变，语文教师应该甚或说必须尽快从"教师"转变为"导师"。

学生经历了小学语文学习的积累，已经完全具备了语文自学的基础；开放的网络，人工智能获取智能的路径和方法引领，加之未来语文教材编写越来越有利于学生的自主学习（终有一天，语文教材应该转变为语文"学材"），走进课堂的有了丰富学习准备、思维活跃、脑洞大开的学生，还需要语文教师精心预设、一板一眼、慢条斯理地

"讲式"教学吗？韩愈概括的"传道、授业、解惑"三大教师功能，可能仅余"解惑"一项了。

何谓"解惑"？就是为广泛学习、产生众多语文疑惑的学生排忧解难。这样的工作，部分类似于大学里的硕士、博士生导师。所谓导师之"导"，区别于教师之"教"，应该重在关键问题的"发现"：师生面对知识能力的困境，共商其产生的来龙去脉、前因后果，筛查出主要的问题和矛盾的关键；应该重在问题症结之"梳理"：解剖分析，由表及里，"披尽黄沙始到金"；应该重在问题解决方向的"指引"：与学习者分析问题的成因之后，寻求脱困解围的路径和工具，在比较中发现最佳的方案；应该重在学习全程的"判断"：从过程出发而有的对思路和方法选择的评价，从结果出发而有的对思维和决策的评价。这种判断是价值性的，而不是工具性的。用这种"导"的方式帮助学生"解决"语文学习中某一具体的"疑惑"，最终真正提升的是学生解决语文学习中各类乃至一切疑惑的能力，从而实现语文素养的真正提升和发展。"导"是教育中的最高境界，只有"导师"才能培育出真正的硕士、博士，而不是"学生"。未来的语文教育亦然。

那么，对于当下在应试中苦苦煎熬的语文教师，如何才能迅速顺利"转型"，进入"导师"境界呢？我以为，语文教师最需要在语文的内涵、功底、初心和品质等方面做出扎实的努力，直至成为"四者一师"。

一是"书者"。即便电子屏幕时代，写好汉字仍然是母语教育的基本功。但如今语文教师中能够像样书写的越来越少。且不说"字如其人"的古训，只是从教导学生练字、写好字的基本要求出发，成为一个"书者"，即喜欢写字且写好了字的人而不是书法家，应该是最底线的要求。否则，你凭什么"教"，更何以"导"？

二是"读者"。语文教师读书少,读书的语文教师少,常常成为教育内外的热门话题。之所以"热门",是因为教人读书者,自己读书而且读到精深应是常态,从古至今,成功的语文人无一例外。但如今一反常态,自让人甚觉怪异。如前所述的种种因素,特别是应试的功利、当下教学管理的所谓"绩效"考核实际是分数比拼的烦琐和机械,对于原本可以也最应该静心阅读和思考的语文教师,几乎是灭顶之灾。是啊,只要逼迫学生无限度地刷题操练,就可以获得高分,学科素养和教学素养在其中几乎不发挥什么作用,那还白费心思干什么!尽管不排除少量卓异者依然特立独行,不懈追求,有所成功,但其付出的劳作和心血,也是超负荷甚至得不偿失的。面对未来无边际、海量、多元判断阅读的学生,八面受敌的课堂无以设防,无以预设,没有更为广泛和高端的阅读,没有独具慧眼的理解、欣赏和审美,只能四面楚歌。再说,没有自身阅读个性、习惯和素质的率先垂范,何以教化、引导学生良好阅读品质和水准的形成?

三是"作者"。长期以来,语文教学的短板在写作。非应试时代如此,应试时代更如此。只不过应试作文,由于范围逐渐固化,体裁基本确定,尤其是阅卷的标准化、阅卷主导者"价值取向"的显性化,其教学早已技术化和格式化。因而,当下写作教学的难度,反而大大低于非应试时代。正因如此,与中学语文教师交流,几乎很少有人提起常态的非应试写作,包括一些很优秀的语文教师。也就是说,除了语文教师中的作家和极少数的写作爱好者,几乎就没有谁会下水写作。话说回来,这样的下水可谓毫无价值。未来的语文教育,面对未来自由发挥想象、充分表达情感和思想的学生,如果没有对写作教学的全方位涉猎、个性化需求、细节性追问,没有写作过程的深切体验、表达的深厚功底,没有基于创作实践的一定理性思维和理论素养,没有一定的写作成果以"现身说法",又如何让学生服膺并"信其道"?写作教学长期存在问题,自然有千万个原因,教写作者,不作文,不会作文,是根本原因。

四是"学者"。这里的"学者",是指语文功底较为深厚、思维理性较强、经常提出问题并敢于开展论证、坚持观点的教师。非应试时代有很多这样的语文教师,有基本的智力和思维品质,读过很多经典,受过正规训练,具备学术眼光和道德坚守,持论新,理据实,不唯上,不唯书,不跟风,不站队。即便是中学的课堂,也常有带有学术味儿的研讨和争鸣,"大胆假设,小心求证"的学术品质,这时候就已有了萌芽。这恰恰是未来语文教师必备之素质。当下让人深感遗憾,这也是"核心素养"引领的教学改革的针对性和价值所在。

"四美"并具,语文教师也就水到渠成地转型升格为语文"导师",语文教学也就顺理成章地由"教"而"导"。试想,自己练字、读书、作文、治学,进而引导学生练字、读书、作文,解决语文学习问题,这原本就应是语文人纯正的教育生活,如今借着"新时代"正快马加鞭而来,标志着语文教育、语文教师真正有了"未来"。

图书在版编目（CIP）数据

语文教育：原点与初心 / 严华银著 .—上海：华东师范大学出版社，2022
ISBN 978-7-5760-2771-6

Ⅰ.①语... Ⅱ.①严... Ⅲ.①语文课—教学研究—中小学 Ⅳ.① G633.302

中国版本图书馆 CIP 数据核字（2022）第 053392 号

大夏书系・语文之道

语文教育：原点与初心

著　　者	严华银
策划编辑	李永梅
责任编辑	任媛媛　万丽丽
责任校对	杨　坤
封面设计	奇文云海・设计顾问
出版发行	华东师范大学出版社
社　　址	上海市中山北路 3663 号　邮编　200062
网　　址	www.ecnupress.com.cn
电　　话	021-60821666　行政传真　021-62572105
客服电话	021-62865537
邮购电话	021-62869887　地址　上海市中山北路 3663 号华东师范大学校内先锋路口
网　　店	http://hdsdcbs.tmall.com
印 刷 者	北京季蜂印刷有限公司
开　　本	700×1000　16 开
插　　页	1
印　　张	12
字　　数	144 千字
版　　次	2022 年 7 月第一版
印　　次	2022 年 7 月第二次
印　　数	6 101-10 100
书　　号	ISBN 978-7-5760-2771-6
定　　价	48.00 元
出 版 人	王　焰

（如发现本版图书有印订质量问题，请寄回本社市场部调换或电话 021-62865537 联系）